乡村振兴之乡村
自治法治德治读本

XIANGCUN ZHENXING ZHI XIANGCUN ZIZHI FAZHI DEZHI DUBEN

周 晖 马亚教 编著

中国科学技术出版社
·北 京·

图书在版编目（CIP）数据

乡村振兴之乡村自治法治德治读本 / 周晖，马亚教编著 . —北京：中国科学技术出版社，2019.1

ISBN 978-7-5046-8147-8

Ⅰ. ①乡… Ⅱ. ①周… ②马… Ⅲ. ①农村—社会主义法制—建设—中国—学习参考资料 ②农村—社会公德教育—中国—学习参考资料 Ⅳ. ① D920.0 ② D422.62

中国版本图书馆 CIP 数据核字（2018）第 219698 号

策划编辑	乌日娜	
责任编辑	乌日娜　王双双	
装帧设计	中文天地	
责任校对	焦　宁	
责任印制	徐　飞	

出　　版	中国科学技术出版社	
发　　行	中国科学技术出版社发行部	
地　　址	北京市海淀区中关村南大街16号	
邮　　编	100081	
发行电话	010-62173865	
传　　真	010-62173081	
网　　址	http://www.cspbooks.com.cn	

开　　本	889mm×1194mm　1/32	
字　　数	122千字	
印　　张	5	
版　　次	2019年1月第1版	
印　　次	2019年1月第1次印刷	
印　　刷	北京长宁印刷有限公司	
书　　号	ISBN 978-7-5046-8147-8 / D·113	
定　　价	26.00元	

P*reface* 前 言

    中国是历史悠久的农业大国。农业农村农民问题是关系国计民生的根本性问题。党的十九大报告指出，"中国特色社会主义进入新时代，我国社会主要矛盾已经转化为人民日益增长的美好生活需要和不平衡不充分的发展之间的矛盾"。这一矛盾在广大农村地区表现得更为明显和突出。

    习近平同志在党的十九大报告中指出要实施乡村振兴战略。作为新时代决胜全面建成小康社会的七大战略之一，乡村振兴战略不仅是以习近平同志为核心的党中央对我国城乡关系深刻变化和农业农村发展的深刻认识和重大部署，也是建设新时代中国特色社会主义的必然要求。产业兴旺、生态宜居、乡风文明、治理有效、生活富裕是实施乡村振兴战略的总体要求，也是推进乡村振兴的根本任务。

    乡村振兴战略必须充分发挥农民的主体作用。因此，实施乡村振兴战略的一个重要着力点，就是要加快培养和造就一大批符合时代要求的、具有引领和带动作用的农业农村人才，充分发挥好人才在乡村振兴进程中的支撑作用。

    本书适应新时代对农村人才的要求，力求深刻理解乡村振兴战略的内在逻辑体系。本书的出版将起到为国家实施乡村振兴战略服务的作用。

    全书根据乡村振兴战略的制度要求，共分为五个主题：乡村振兴之乡村自治、法治、德治概述；乡村振兴之农村基层党组织建设；乡村振兴之乡村自治；乡村振兴之乡村法治；乡村振兴之乡村德治。

本书具有贴近农村自治、法治、德治建设实际，注重与时俱进，突出实用性，便于理解掌握等特点。因此，本书既适用于广大农村工作者在职岗位培训，也是广大农村居民提高政策理解能力的自学教材。

　　在本书编写过程中，我们参阅了国家近些年颁布的农村政策、有关乡村振兴战略的最新书刊资料，收集了一些具有实用价值的典型案例。由于作者水平有限，书中难免存在疏漏不足之处，恳请专家和读者批评指正。

编 著 者

C *ontents* 目 录

第一篇

乡村振兴之乡村自治、法治、德治概述

一、乡村振兴战略

1. 乡村振兴战略是一个重大的理论创新

中国特色社会主义进入新时代，我国"三农"工作也展开新的篇章。党的十九大报告首次提出实施乡村振兴战略，并提出"产业兴旺、生态宜居、乡风文明、治理有效、生活富裕"这20个字的总要求。2017年底召开的中央农村工作会议强调，要走中国特色社会主义乡村振兴道路，并指出了乡村振兴七个方面的发展路径。"必须创新乡村治理体系，走乡村善治之路"就是其中之一。

2. 繁荣兴盛农村文化，焕发乡风文明新气象

乡村振兴，乡风文明是保障。必须坚持物质文明和精神文明一起抓，提升农民精神风貌，培育文明乡风、良好家风、淳朴民风，不断提高乡村社会文明程度。

（1）加强农村思想道德建设　以社会主义核心价值观为引领，坚持教育引导、实践养成、制度保障三管齐下，采取符合农村特点的有效方式，深化中国特色社会主义和中国梦宣传教育，大力弘扬民族精神和时代精神。加强爱国主义、集体主义、社会主义教育，深化民族团结进步教育，加强农村思想文化阵地建设。深入实施公民道德建设工程，挖掘农村传统道德教育资源，推进社会公德、职业道德、家庭美德、个人品德建设。推进诚信建设，强化农民的社会责任意识、规则意识、集体意识、主人翁意识。

（2）传承发展提升农村优秀传统文化　立足乡村文明，吸取

城市文明及外来文化优秀成果，在保护传承的基础上，创造性转化、创新性发展，不断赋予时代内涵、丰富表现形式。切实保护好优秀农耕文化遗产，推动优秀农耕文化遗产合理适度利用。深入挖掘农耕文化蕴含的优秀思想观念、人文精神、道德规范，充分发挥其在凝聚人心、教化群众、淳化民风中的重要作用。划定乡村建设的历史文化保护线，保护好文物古迹、传统村落、民族村寨、传统建筑、农业遗迹、灌溉工程遗产。支持农村地区优秀戏曲曲艺、少数民族文化、民间文化等传承发展。

（3）加强农村公共文化建设　按照有标准、有网络、有内容、有人才的要求，健全乡村公共文化服务体系。发挥县级公共文化机构辐射作用，推进基层综合性文化服务中心建设，实现乡村两级公共文化服务全覆盖，提升服务效能。深入推进文化惠民，公共文化资源要重点向乡村倾斜，提供更多更好的农村公共文化产品和服务。支持"三农"题材文艺创作生产，鼓励文艺工作者不断推出反映农民生产生活尤其是乡村振兴实践的优秀文艺作品，充分展示新时代农村农民的精神面貌。培育挖掘乡土文化本土人才，开展文化结对帮扶，引导社会各界人士投身乡村文化建设。活跃繁荣农村文化市场，丰富农村文化业态，加强农村文化市场监管。

（4）开展移风易俗行动　广泛开展文明村镇、星级文明户、文明家庭等群众性精神文明创建活动。遏制大操大办、厚葬薄养、人情攀比等陈规陋习。加强无神论宣传教育，丰富农民群众精神文化生活，抵制封建迷信活动。深化农村殡葬改革。加强农村科普工作，不断提高农民科学文化素养。

3.加强农村基层基础工作，构建乡村治理新体系

乡村振兴，治理有效是基础。必须把夯实基层基础作为固本之策，建立健全党委领导、政府负责、社会协同、公众参与、法治保障的现代乡村社会治理体制，坚持自治、法治、德治相结

合，确保乡村社会充满活力、和谐有序。

（1）加强农村基层党组织建设　扎实推进抓党建促乡村振兴，突出政治功能，提升组织力，抓乡促村，把农村基层党组织建成坚强战斗堡垒。强化农村基层党组织领导核心地位，创新组织设置和活动方式，持续整顿软弱涣散村党组织，稳妥有序开展不合格党员处置工作，着力引导农村党员发挥先锋模范作用。建立选派第一书记工作长效机制，全面向贫困村、软弱涣散村和集体经济薄弱村党组织派出第一书记。实施农村带头人队伍整体优化提升行动，注重吸引高校毕业生、农民工、机关企事业单位优秀党员干部到村任职，选优配强村党组织书记。健全从优秀村组织书记中选拔乡镇领导干部、考录乡镇机关公务员、招聘乡镇事业编制人员制度。加大在优秀青年农民中发展党员力度。建立农村党员定期培训制度。全面落实村级组织运转经费保障政策。推行村级小微权力清单制度，加大基层小微权力腐败惩处力度。严厉整治惠农补贴、集体资产管理、土地征收等领域侵害农民利益的不正之风和腐败问题。

（2）深化村民自治实践　坚持自治为基，加强农村群众性自治组织建设，健全和创新村党组织领导的充满活力的村民自治机制。推动村党组织书记通过选举担任村民委员会主任。发挥自治章程、村规民约的积极作用。全面建立健全村务监督委员会，推行村级事务阳光工程。依托村民会议、村民代表会议、村民议事会、村民理事会、村民监事会等，形成民事民议、民事民办、民事民管的多层次基层协商格局。积极发挥新乡贤作用。推动乡村治理重心下移，尽可能地把资源、服务、管理下放到基层。继续开展以村民小组或自然村为基本单元的村民自治试点工作。加强农村社区治理创新。创新基层管理体制机制，整合优化公共服务和行政审批职责，打造"一门式办理""一站式服务"的综合服务平台。在村庄普遍建立网上服务站点，逐步形成完善的乡村便民服务体系。大力培育服务性、公益性、互助性农村社会组织，积极发展农村社会工作和志愿服务。集中清理上级单位对村级组织考核评比多、创建达标多、检查督查多等突出问题。

（3）**建设法治乡村**　坚持法治为本，树立依法治理理念，强化法律在维护农民权益、规范市场运行、农业支持保护、生态环境治理、化解农村社会矛盾等方面的权威地位。增强基层干部法治观念、法治为民意识，将政府涉农各项工作纳入法治化轨道。深入推进综合行政执法改革向基层延伸，创新监管方式，推动执法队伍整合、执法力量下沉，提高执法能力和水平。建立健全乡村调解、县市仲裁、司法保障的农村土地承包经营纠纷调处机制。加大农村普法力度，提高农民法治素养，引导广大农民增强尊法学法守法用法意识。健全农村公共法律服务体系，加强对农民的法律援助和司法救助。

（4）**提升乡村德治水平**　深入挖掘乡村熟人社会蕴含的道德规范，结合时代要求进行创新，强化道德教化作用，引导农民向上向善、孝老爱亲、重义守信、勤俭持家。建立道德激励约束机制，引导农民自我管理、自我教育、自我服务、自我提高，实现家庭和睦、邻里和谐、干群融洽。广泛开展好媳妇、好儿女、好公婆等评选表彰活动，开展寻找最美乡村教师、医生、村干部、家庭等活动。深入宣传道德模范、身边好人的典型事迹，弘扬真善美，传播正能量。

（5）**建设平安乡村**　健全落实社会治安综合治理领导责任制，大力推进农村社会治安防控体系建设，推动社会治安防控力量下沉。深入开展扫黑除恶专项斗争，严厉打击农村黑恶势力、宗族恶势力，严厉打击黄、赌、毒、盗、拐、骗等违法犯罪。依法加大对农村非法宗教活动和境外渗透活动打击力度，依法制止利用宗教干预农村公共事务，继续整治农村乱建庙宇、滥塑宗教造像。完善县、乡、村三级综治中心功能和运行机制。健全农村公共安全体系，持续开展农村安全隐患治理。加强农村警务、消防、安全生产工作，坚决遏制重特大安全事故。探索以网格化管理为抓手、以现代信息技术为支撑，实现基层服务和管理精细化精准化。推进农村"雪亮工程"建设。

4. 乡村振兴的愿景

（1）乡村振兴要以农业农村现代化为根基，让农业成为有奔头的产业　农业是乡村的本业，是国家最基础、最刚需的产业。过去是这样，现在是这样，将来还是这样。无论时代怎样发展，无论乡村怎样演变，无论城镇化水平怎样提升，农业始终是亿万中华儿女的食物之源，始终是全社会生态供给的主要来源，始终是数亿人繁衍生息的谋生之业，也始终是民族文化传承创新的基因宝库。

新时代乡村全面振兴，要让农业成为有奔头的产业。农业现代化水平要全面提升。产业体系、生产体系、经营体系不断健全，适度规模经营广泛推行，经营农业的成本大大降低；农业产业链条要不断延长。产供销实现一体化，一二三产业深度融合，增值空间大大提升；农业的功能和价值要得到拓展和掘深。望得见星空，闻得见草香，听得见鸟鸣。越来越多的人在农业劳作中感受创造的价值，在农耕文化传承中获得情感熏陶，在与大自然亲密接触中找到心灵归属。

（2）乡村振兴要以农民的全面发展为宗旨，让农民成为令人羡慕的职业　长期以来，"农民"二字不仅仅是一种职业称谓，还是一种身份象征。农民作为社会最庞大的群体，获得社会平均利润的机会却较少。

新时代乡村全面振兴，要让农民成为令人羡慕的职业。农民的收入要高，不仅工作选择多且体面有尊严，不仅经济来源渠道广且增长幅度大；农民的生活要好，能享受和城市一样的生活设施和社会福利，忙时乡间劳作，闲时进城逛逛，生活丰富多彩；农民的机会要多，既能扎根乡村，也能融入城市，全面发展的束缚被打破，向上流动的机会大大增加；农民的心情要美，一年四季不再候鸟般往返城乡，一家老小都能团圆喜乐，春有百花秋望月，夏乘凉风冬听雪，在田园牧歌中实现收入高、生活好、诗意居。乡村全面振兴后，做农民将是一件幸福的事。

（3）乡村振兴要以农村的繁荣兴旺为目标，让农村成为安居乐业的美丽家园 乡村是农民聚居的家园，是都市人"记得住乡愁"的心灵归处。从江南的小桥流水到东北的雪路柴扉，从陕北的窑洞暖炕到川滇的竹楼木屋，都凝结着我们对乡村的美好记忆。随着城镇化的推进，我国农村发生了历史性变化，与此同时，部分地区也出现了"空心化""空巢化""老龄化"等现象。

新时代乡村全面振兴，要让农村成为安居乐业的美丽家园。生态环境要优，看得见蓝天，摸得着绿水，山水林田湖草保存良好；村容村貌要好，街道整洁，基础设施完备，农民生活起居现代化程度高；乡村社会要和，自治有传统，法治有保障，德治有作为，乡村走向善治；乡村风尚要美，邻里和睦，民风淳朴，文化欣欣向荣。总之，乡村全面振兴，既要有传统农耕文化的风绪余韵，也要有新时代与时俱进的崭新面貌。

【案例1-1】 乡土文化塑造乡村精神新风貌

（1）让民俗文化融入农村生活。2018年10月，醒狮、猫头狮、客家山歌、麒麟舞……从化区西塘村非物质文化遗产项目的表演拉开了广州市（从化）庆祝首届"中国农民丰收节"大会的序幕，广府美食节、童话花海、宫崎骏主题音乐会、乡村民谣在稻田里陆续上演。

丰收节、稻草节给西塘村带来了乡风文明的精气神。醒狮是西塘村乃至整个鳌头镇的传统文化遗产。由20多名中小学生组成的少年醒狮队，不仅承担着西塘村重大节庆的表演任务，还让传统文化传遍乡村的每个角落。

这几年来，西塘村村民委员会开展了绘画、书法、文化知识等义务大讲堂和相关赛事活动，并组织村民集体参加学习。在2018 年的五一劳动节，西塘村还成立了"农民夜校"，每月开办一到两次课，通过继续教育的形式，将家风、家规等文化知识传授给村民们。此外，西塘村还组织本村富余劳动力 100 多人成立了"城乡清洁服务队""工程建设服务队""园林绿化服务队""绿色娘子军"四支队伍，让村民们在开展文化活动的同时，还能在空闲之余发挥自己的特长，参与相关的管理服务。

（2）文化创意激发乡村振兴活力。2018 年 11 月 3 日，广东省广州市从化区鳌头镇西塘村迎来了第三届广州西塘稻草节，这张来自乡村的文化名片，吸引了来自珠三角的游客关注。在青山绿水、田园花海之间，妙趣横生的稻草作品伴随着蓝天白云、蝶舞纷飞。品味着稻田音乐、广府美食，人们记住了乡愁，流连忘返。

稻草节在西塘村连续举办三年，这个原本是当地学校的乡村美术教学实践活动，现逐渐升级为在全市乃至珠三角有影响力的品牌，每年都会吸引数以十万计的珠三角游客前来参观。

早在 2016 年，从化区就决定以"童话小镇"为创意主题，将西塘村纳入第一批特色小镇建设试点。西塘村地处山区，农村覆盖面积广，孩子们能接触到艺术的机会不多。通过打造童话小镇、举办稻草节，不仅能利用自然资源开展艺术教育，制作成不同造型、不同类别的作品进行展示，还能充分调动孩子们的想象力，从小培养他们的文化意识。按照城市的标准来举办稻草节，让丰富的创意吸引人的关注，带动乡村文化的发展。

不断丰富乡风文明新内涵，深入挖掘继承、弘扬发展稻田文化、编织艺术、传统饮食、稻草文化等优秀乡土文化，将"广州西塘稻草节"打造成有口皆碑的农耕文化展示典范。前两届稻草节共吸引游客近 30 万人次，带来经济效益约 800 万元。

乡村文化活力源源不绝。西塘村计划打造一批新的文化景点，例如，沿河打造景观栈道，修缮西塘门楼、积安陈公祠、复初书舍等历史建筑，丰富童话小镇的历史文化内涵……通过组织举办一系列的文化表演活动，不断丰富村民的业余生活，让他们过上有文化味的乡村生活。重点建设的宪法馆在 12 月正式开馆，作为廉政教育基地的家风馆将在 2019 年春节前后启用。

这几年来，乡村振兴带动了西塘村基础设施的升级，柏油村道、导向标识、停车场、公厕等配套设施基本完善；西塘村村容村貌得到了改造，以江南建筑风格和欧式建筑风格为主题，对民居外立面进行统一整饰。

评析： 乡村振兴，既要塑形，也要铸魂。乡土文化既是一方水土独特的精神创造和审美创造，又是人们乡土情感和自豪感的寄托，更是永不过时的文化资源和文化资本。从稻草节到少年醒狮队，乡土、乡情、乡风塑造的精神风貌，逐渐成为西塘村发展的根与魂。乡土文化的复兴为乡村注入了强大的精神力量，是广州努力在全省乡村振兴中当好示范和表率积蓄的蓬勃动力。

乡风文明建设关键在于让文化依托醒狮等传统民俗，融入村民们的日常生活中。创意活动丰富了村民们的业余生活，让他们自愿融入小镇建设中，提升整个村的素质修养，营造良好的文化氛围。

在乡村振兴过程中，文化振兴能够建立良好的乡风、民风、村风，广泛地形成共识合力，给予民众心灵的力量，共建美好的乡村家园。文化振兴是乡村振兴的灵魂，也是乡村振兴的长效支撑力，可为乡村振兴注入强大精神力量。在以西塘村为代表的广州北部乡村，乡土文化正在城乡融合、协调发展过程中发挥着强大的推动作用。

（资料来源：周甫琦，朱伟良 文明乡风吹进了西塘村）

二、乡村振兴战略中
自治、法治、德治有机结合

【案例1-2】东明路街道: 自治、共治、德治、法治"四治一体"

根据上海市浦东新区 2017 年完成 50% 居民区"家门口"服务站建设的要求, 东明路街道综合统筹, 以"生活小事不出村居, 教育服务就在身边"为目标, 在居民区先行建起了"家门口"服务站。

街道梳理了"3 张清单": 自下而上听取居民服务意愿, 形成"需求清单"; 自上而下梳理部门下沉资源, 形成"资源清单"; 上下互动对接资源和需求, 形成"服务清单"。街道确定为居民提供党群、政务、生活、法律、健康、文化、社区管理等 7 大类 100 多项共性服务项目清单。

硬件上, 在"家门口"服务站设立醒目立牌、全岗通接待台, 改变"一人一座一电脑"办公模式, 使社区工作者有更多的时间深入居民区, 了解社情民意。

软件上, 设立首问责任制、指定责任制、兜底责任制、错事制及延时制。为实现社区工作者"一专多能、全岗都通", 队伍建设办结合街道"家门口"服务体系建设工作要求, 对全体居民区书记、社区工作者及后备干部分三批开展"全岗通"业务培训。培训内容从"家门口"七大服务体系着手, 涵盖居民委员会规范化建设、司法调解、社区服务、社区管理、网格化综合管理等各个方面, 又结合"全岗通"工作特点, 增加接待礼仪等课程, 促使社区工作者在条线整合中成为"服务通"、在日常培养中成为"政策通"、在居民自治中成为"社情通"、在工作实践中成为"治理通"。

2017 年 11 月下旬，浦东新区对东明路街道"家门口"服务站进行第一批实地验收，19 个居民区的"家门口"服务站已初步建成投入使用，通过自治、共治、德治、法治"四治一体"实现工作全覆盖，提高群众满意度和获得感。

评析：东明路街道建立的"家门口"服务站，为居民提供各种便利服务，破解了"服务群众最后一公里"难题，真正把服务送到越来越多的群众身边。

（资料来源：韦嘉维　东明路街道"家门口"服务体系建成运行，提升居民幸福感）

1. 乡村自治、法治、德治的各自特点

自治、法治、德治相结合的乡村治理体系，是一种符合我国国情的，更加完善有效、多元共治的新型乡村治理体系。自治是健全乡村治理体系的基础，村干部都是农民选出来的，村民是乡村治理的重要主体，乡村自治做好了，就能充分激发广大农民的积极性。法治是健全乡村治理体系的保障，乡村治理必须实现法治化，自治只有在法律的框架下进行，才能有法可依，有条不紊。德治是健全乡村治理体系的支撑，有利于提升自治与法治的效能，提高乡村治理的水平和质量。

自治、法治、德治有机结合，相互衔接和补充，方能构成乡村治理的完整体系，才能科学有序推进乡村治理。

2. 构建自治、法治、德治相结合的治理体系

（1）构建乡村治理新体系必须让带头人发挥作用　乡村治理进程中，带头人起着非常重要的作用。选派第一书记到贫困村就是乡村治理的好思路。

（2）构建乡村治理新体系需要完善自治、法治与德治体系
目前，我国村干部主要靠村民选举产生，这是发挥基层民主、让村民来表达自己意愿的好渠道。但是我国的村庄规模普遍较小，选举往往也存在一些弊端，如出现有些村庄容易被大家族或者大姓干预等问题。因此，进一步完善村庄治理体系，可以通过法治与德治相结合的方式，清除村干部队伍中不符合条件的选举候选人，吸引德高望重的新乡贤加入。

（3）构建乡村治理新体系务必加强村庄治理体系的建设 健全村民会议、村民代表会议、村民议事会、村民理事会、村民监事会，对村庄的运行进行全方位监督。为了帮助贫困地区早日脱贫，国家每年都会出台相关政策，拨付扶贫款项，以及其他援助，但从出现的一些"小官大贪"的案例和基层民众反映的问题来看，有些村干部并不能公平地分配资源。因此，如何合理分配这些资源而不被"拦截"，透明与监督显得尤为重要。

（4）构建乡村治理新体系必须法治助力 农民的法律观念相对比较薄弱，需要大量的普法活动，我国开展的七个五年普法教育活动起到了积极的法治教育宣传作用。因此要坚持法治为本，树立依法治理理念，强化法律在维护农民权益、化解农村社会矛盾等方面的权威地位，增强法治观念。

（5）构建乡村治理新体系需要平安乡村的建设 我国农村数量繁多且分散，不少村庄的治安靠自身维护，因而在治安方面还存在一些问题。未来我国在治安体系方面应该打破目前的城乡分治局面，将城市的治安力量延伸至乡村，健全落实社会治安综合治理，大力推进农村社会治安防控体系建设。

3. 打好乡村自治、法治、德治组合拳

以治理有效为基础，加强农村基层基础工作，构建乡村治理新体系。抓住农村基层党组织建设这个"牛鼻子"，打好乡村自治、法治、德治协同发力的组合拳，建立健全党委领导、政府负

责、社会协同、公众参与、法治保障的现代乡村社会治理体制，深入开展扫黑除恶专项斗争，建设平安乡村，确保乡村社会充满活力、和谐有序。

4. 目前我国乡村治理存在的问题

近20年来，关于乡村治理，我国从理论层面和实践层面都进行了有益的探索。必须正视的是，除了理论上的探索需要深入推进外，在乡村治理的实践中，还存在一些亟待改进和深化完善的问题。

一是乡村治理的顶层设计不完善，缺乏治理的针对性和有效性。

二是乡镇债务沉重，公共产品供给不足，社会保障水平不高，导致城乡差距较大。

三是乡村治理的体制机制不完善，各治理主体间的利益冲突加剧，群众参与不足。

四是宗族势力对乡村治理干扰严重，影响了乡村的和谐稳定。

五是农村"空心村""三留守"以及环境污染问题日益突出。

因此，乡村要振兴，就必须进行乡村治理体系的创新，否则就会影响乡村的整体振兴，农村这块短板就会越来越短，就会拖现代化建设的后腿。

在新的条件下，只有将加强乡村干部队伍建设和培训、加强村民自治、加强法治和德治建设等措施综合起来，才能使我们国家的乡村治理更有效、更完善，让乡村振兴早日实现。

第二篇

乡村振兴之农村基层党组织建设

一、农村基层党组织建设的核心内容

【案例 2-1】 凤凰县近万名农村党员参与冬春培训

2018年年初，安徽省淮南市凤凰县利用春节前后农村党员在家人数多、农事不忙的有利时机，扎实开展农村党员冬春培训。培训方式采取集中学习与自主学习相结合，以乡镇为单位统一组织开展基层党员培训活动。培训内容包括学习贯彻党的十九大精神、宣讲实施乡村振兴战略和打赢脱贫攻坚战等重大部署、推进"两学一做"学习教育常态化制度化、谋划开展"不忘初心、牢记使命"主题教育等。各乡镇还结合自身实际，抓好党员教育管理、日常政治理论与业务知识学习，同时采取专题研讨、交流谈心与党员评议相结合的办法，开展农村党员冬春培训工作。

此次培训，技术、技能培训也是重点内容。各乡镇通过请专家、播放科教片等方式，重点培训农村种植养殖技术、特色农业开发、产业化经营、农村电子商务、劳务技能等方面的知识。

评析： 安徽省淮南市凤凰县17个乡镇完成了农村党员冬春培训工作，9300多名农村党员参加培训学习，进一步夯实了农村基层党建工作，帮助了农村党员掌握实用技术、技能，增强发展后劲，不断提升带头致富、带领群众共同致富的能力。

（资料来源：傅海清，张靖　进一步夯实基层党建，凤凰县近万名农村党员参与冬春培训）

1. 农村基层组织的组成

农村基层组织是指设在镇（办事处）和村一级的各种组织，主要是指村级组织。农村基层组织包括基层政权、基层党组织和其他组织三个方面，主要有村党组织、村民委员会、村团支部、村妇女代表会、村民兵连及"两新"组织（"新的经济组织"和"新的社会组织"）。农村基层组织涵盖了党在农村的全部工作。

2. 农村基层党组织的地位

农村基层党组织是党的组织基础。中国共产党是有组织的统一整体，是由党的中央、地方和基层组织按照民主集中制组织起来的统一整体。其中，党的中央组织是党的首脑和核心，党的地方组织是连接中央和基层的中间环节，党的基层组织是党的组织体系的基础，而农村基层党组织更是这个基础中不可或缺的组成部分。

《中国共产党党章》（以下简称《党章》）第30条规定，企业、农村、机关、学校、科研院所、街道社区、社会组织、人民解放军连队和其他基层单位，凡是有正式党员三人以上的，都应当成立党的基层组织。

农村基层党组织是党联系农民群众的桥梁和纽带，是落实党的农村工作任务的战斗堡垒。基层党组织作用发挥得好坏，直接关系党的执政能力、执政基础和作风形象。农村基层党组织是党在农村的组织基础，是实现党在农村的正确领导的基础，是党在农村的力量和智慧的源泉，是维护党的先进性、纯洁性的重要关口，农村党员直接、经常、具体地体现着党组织的战斗堡垒作用。必须不断增强农村基层党组织的战斗力、凝聚力和创造力，充分发挥农村基层党组织的领导核心作用，为推进社会主义乡村振兴战略提供坚强的政治和组织保障。《中共中央 国务院关于实施乡村振兴战略的意见》明确提出要加强农村基层党组织建设。

【案例2-2】 村民委员会和村党支部的关系

孙大虎是一名退役军人，头脑灵活。退役后用退役的钱和银行贷款从事养殖业，短短 3 年时间，他养殖的奶牛就达 80 多头，年纯利润近百万。乡亲们看到孙大虎是个能人，就在村民委员会换届选举中选他当了本村的村民委员会主任。孙大虎当选后，想开一家鞋厂，一是村里有了企业可以增加收入，二是乡亲们有了工作可以增加收入。孙大虎计划好后，没有和村党支部书记张胜利商量就召开村民代表会议，决定向银行贷款开始建厂。张胜利知道后，认为目前的鞋厂竞争激烈，如果投入过大，赔了会给村里造成不可估量的损失，因此要求征求县里有关企业专家的意见后再决定。孙大虎认为，村民委员会属于自治组织，村党支部无权干涉村民委员会的事情。这样一来，两人闹起了矛盾，村里的大小事情都办不成。乡领导批评孙大虎不向党支部汇报和征求党支部意见，孙大虎很不服气。

评析：村党支部与村民委员会都是农村基层组织，目标是共同的，都是为了建设有中国特色的社会主义新农村这个目标而工作的。

在实际工作中，村党支部和村民委员会应做到以下几点：一是必须坚持村党支部对村民自治的领导核心地位不动摇。村党支部领导核心地位是法律赋予的，加强以党支部为核心的村级组织建设格局不能变。二是村党支部与村民委员会的关系是领导与被领导的关系。坚持村民自治不动摇，不能违背民意。法律不允许村党支部包办村里大小事务。三是正确处理村党支部与村民委员会的关系，必须建章立制，规范操作。例如：村党支部和村民委员会联合会议制度；村"两委"（村党支部委员会和村民委员会）主要干部按一定程序实行交叉兼职；村民委员会如何就具体的事宜向村党支部汇报，党支部的意见和建议如何采纳；在两者出现纠纷时，如何去解决纠纷等。

只有这样才能确保党领导村民委员会的地位不动摇，确保村民自治不受不正确的思想干扰。

（资料来源：甄峰　农村法律法规）

3. 农村基层党组织的产生

党的基层组织，根据工作需要和党员人数，经上级党组织批准，分别设立党的基层委员会、总支部委员会、支部委员会。基层委员会由党员大会或代表大会选举产生，总支部委员会和支部委员会由党员大会选举产生，提出委员候选人要广泛征求党员和群众的意见。

《党章》第 31 条规定，党的基层委员会、总支部委员会、支部委员会每届任期三年至五年。基层委员会、总支部委员会、支部委员会的书记、副书记选举产生后，应报上级党组织批准。

《中国共产党基层组织选举工作暂行条例》规定如下。

党的基层组织设立的委员会委员候选人，按照德才兼备和班子结构合理的原则提名。

委员候选人的差额为应选人数的百分之二十。

党的总支部委员会、支部委员会委员候选人，由上届委员会根据多数党员的意见确定，在党员大会上进行选举。

党的基层委员会和经批准设立的纪律检查委员会委员的产生：召开党员大会，由上届党的委员会根据所辖多数党组织的意见提出候选人，报上级党组织审查同意后，提交党员大会进行选举；召开党员代表大会的，由上届党的委员会根据提请大会主席团讨论通过，由大会主席团提交各代表团（组）酝酿讨论，根据多数代表的意见确定候选人，提交党员代表大会进行选举。

委员会委员在任期内出缺，应召开党员大会或代表大会补选。上级党组织认为有必要时，可以调动或者指派下级党组织的负责人。

党的基层组织设立的委员会的书记、副书记的产生，由上届委员会提出候选人，报上级党组织审查同意后，在委员会全体会议上进行选举。不设委员会的党支部书记、副书记的产生，由全体党员充分酝酿，提出候选人，报上级党组织审查同意后，在党员大会上进行选举。

经批准设立常务委员会的党的基层委员会的常委候选人，由上届委员会按照比应选人数多一至二人的差额提出，报上级党组织审查同意后，在委员会全体会议上进行选举。

选出的委员，报上级党组织备案；常委、书记、副书记，报上级党组织批准。纪律检查委员会选出的书记、副书记，经同级党的委员会通过后，报上级党组织批准。

4. 农村基层党组织选举的实施

《中国共产党基层组织选举工作暂行条例》规定如下。

进行选举时，有选举权的到会人数超过应到会人数的五分之四，会议有效。

召开党员大会进行选举，由上届委员会主持。不设委员会的党支部进行选举，由上届支部书记主持。召开党员代表大会进行选举，由大会主席团主持。大会主席团成员由上届党的委员会或各代表团（组）从代表中提名，经全体代表酝酿讨论，提交代表大会预备会议表决通过。委员会第一次全体会议选举常委、书记、副书记，召开党员代表大会的，由大会主席团指定一名新选出的委员主持；召开党员大会的，由上届委员会推荐一名新当选的委员主持。

选举前，选举单位的党组织或大会主席团应将候选人的简历、工作实绩和主要优缺点向选举人作出实事求是的介绍，对选举人提出的询问应作出负责的答复。根据选举人的要求，可以组织候选人与选举人见面，由候选人作自我介绍，回答选举人提出的问题。

选举设监票人，负责对选举全过程进行监督。党员大会或党员代表大会选举的监票人由全体党员或各代表团（组）从不是候选人的党员或代表中推选，经党员大会或党员代表大会表决通过。委员会选举的监票人从不是书记、副书记、常委候选人的委员中推选，经全体委员表决通过。

选举设计票人。计票人在监票人监督下进行工作。

选举一律采用无记名投票的方式。选票上的候选人名单以姓氏笔画为序排列。选举人不能写选票的，可由本人委托非候选人按选举人的意志代写。因故未出席会议的党员或党员代表不能委托他人代为投票。

选举人对候选人可以投赞成票或不赞成票，也可以弃权。投不赞成票者可以另选他人。

投票结束后，监票人、计票人应将投票人数和票数加以核对，作出记录，由监票人签字并公布候选人的得票数字；由会议主持人宣布当选名单。

选举收回的选票，少于投票人数，选举有效；多于投票人数，选举无效，应重新选举。每一选票所选人数少于规定应选人数的为有效票，多于规定应选人数的为无效票。

实行差额预选时，赞成票超过实到会有选举权的人数半数的，方可列为候选人。

进行正式选举时，被选举人获得的赞成票超过实到会有选举权的人数的一半，始得当选。当选人多于应选名额时，以得票多的当选。如遇票数相等不能确定当选人时，应就票数相等的被选举人重新投票，得票多的当选。当选人少于应选名额时，对不足的名额另行选举。如果接近应选名额，也可以减少名额，不再进行选举。

5. 农村基层党组织的基本任务

《党章》第 32 条明确规定了党的基层组织的基本任务。

（1）宣传和执行党的路线、方针、政策，宣传和执行党中央、上级组织和本组织的决议，充分发挥党员的先锋模范作用，积极创先争优，团结、组织党内外的干部和群众，努力完成本单位所担负的任务。

（2）组织党员认真学习马克思列宁主义、毛泽东思想、邓小平理论、"三个代表"重要思想、科学发展观、习近平新时代中国特色社会主义思想，推进"两学一做"学习教育常态化制度化，学习党的路线、方针、政策和决议，学习党的基本知识，学习科学、文化、法律和业务知识。

（3）对党员进行教育、管理、监督和服务，提高党员素质，坚定理想信念，增强党性，严格党的组织生活，开展批评和自我批评，维护和执行党的纪律，监督党员切实履行义务，保障党员的权利不受侵犯。加强和改进流动党员管理。

（4）密切联系群众，经常了解群众对党员、党的工作的批评和意见，维护群众的正当权利和利益，做好群众的思想政治工作。

（5）充分发挥党员和群众的积极性创造性，发现、培养和推荐他们中间的优秀人才，鼓励和支持他们在改革开放和社会主义现代化建设中贡献自己的聪明才智。

（6）对要求入党的积极分子进行教育和培养，做好经常性的发展党员工作，重视在生产、工作第一线和青年中发展党员。

（7）监督党员干部和其他任何工作人员严格遵守国家法律、法规，严格遵守国家的财政经济法规和人事制度，不得侵占国家、集体和群众的利益。

（8）教育党员和群众自觉抵制不良倾向，坚决同各种违纪违法行为作斗争。

《党章》第33条规定，街道、乡、镇党的基层委员会和村、社区党组织，领导本地区的工作和基层社会治理，支持和保证行政组织、经济组织和群众自治组织充分行使职权。各级党和国家机关中党的基层组织，协助行政负责人完成任务，改进工作，对包括行政负责人在内的每个党员进行教育、管理、监督，不领导本单位的业务工作。

《党章》第34条规定，党支部是党的基础组织，担负直接教育党员、管理党员、监督党员和组织群众、宣传群众、凝聚群众、服务群众的职责。

6. 对党的干部的要求

《党章》第35条规定，党的干部是党的事业的骨干，是人民的公仆，要做到忠诚干净担当。党按照德才兼备、以德为先的原则选拔干部，坚持五湖四海、任人唯贤，坚持事业为上、公道正派，反对任人唯亲，努力实现干部队伍的革命化、年轻化、知识化、专业化。

党重视教育、培训、选拔、考核和监督干部，特别是培养、选拔优秀年轻干部。积极推进干部制度改革。

党重视培养、选拔女干部和少数民族干部。

7. 党的各级领导干部必须具备的基本条件

《党章》第36条规定，党的各级领导干部必须信念坚定、为民服务、勤政务实、敢于担当、清正廉洁，模范地履行党章规定的党员的各项义务，并且必须具备以下基本条件。

（1）具有履行职责所需要的马克思列宁主义、毛泽东思想、邓小平理论、"三个代表"重要思想、科学发展观的水平，带头贯彻落实习近平新时代中国特色社会主义思想，努力用马克思主义的立场、观点、方法分析和解决实际问题，坚持讲学习、讲政治、讲正气，经得起各种风浪的考验。

（2）具有共产主义远大理想和中国特色社会主义坚定信念，坚决执行党的基本路线和各项方针、政策，立志改革开放，献身现代化事业，在社会主义建设中艰苦创业，树立正确政绩观，做出经得起实践、人民、历史检验的实绩。

（3）坚持解放思想，实事求是，与时俱进，开拓创新，认真调查研究，能够把党的方针、政策同本地区、本部门的实际相结合，卓有成效地开展工作，讲实话，办实事，求实效。

（4）有强烈的革命事业心和政治责任感，有实践经验，有胜任领导工作的组织能力、文化水平和专业知识。

（5）正确行使人民赋予的权力，坚持原则，依法办事，清正廉洁，勤政为民，以身作则，艰苦朴素，密切联系群众，坚持党的群众路线，自觉地接受党和群众的批评和监督，加强道德修养，讲党性、重品行、做表率，做到自重、自省、自警、自励，反对形式主义、官僚主义、享乐主义和奢靡之风，反对任何滥用职权、谋求私利的行为。

（6）坚持和维护党的民主集中制，有民主作风，有全局观念，善于团结同志，包括团结同自己有不同意见的同志一道工作。

8. 党的纪律

《党章》第40条规定，党的纪律主要包括政治纪律、组织纪律、廉洁纪律、群众纪律、工作纪律、生活纪律。

坚持惩前毖后、治病救人，执纪必严、违纪必究，抓早抓小、防微杜渐，按照错误性质和情节轻重，给以批评教育直至纪律处分。运用监督执纪"四种形态"，让"红红脸、出出汗"成为常态，党纪处分、组织调整成为管党治党的重要手段，严重违纪、严重触犯刑律的党员必须开除党籍。

作为一名党员，应该坚守哪些"红线"？牢记哪些"禁令"？2018年10月1日开始施行的《中国共产党纪律处分条例》作出了明确规定。

（1）政治纪律　严禁公开发表反党言论；严禁妄议中央大政方针；严禁公开丑化党和国家形象；严禁制作、贩卖和传播反党读物和视听资料；严禁私自携带、寄递反党读物和视听资料出入境；严禁组织、参加反党活动；严禁组织、参加反党组织；严禁组织、参加邪教组织；严禁组织、参加党内秘密集团或其他分裂党的活动；严禁搞团团伙伙、捞取政治资本；严禁对抗党和国家政策；严禁挑拨民族关系；严禁组织、利用宗教活动反党；严禁组织、利用宗族势力对抗党和政府；严禁对抗组织审查；严禁组织参加迷信活动；严禁叛逃行为；严禁在国（境）外公开发表反党言论；严禁在涉外活动中损害党和国家利益；严禁党员领导干部搞无原则一团和气；严禁违反党的优良传统和工作惯例等党的规矩。

（2）**组织纪律**　严禁个人专权擅断；严禁下级党组织拒不执行上级党组织决定；严禁党员拒不执行组织人事安排决定；严禁不按照有关规定或者工作要求向组织请示报告重大问题、重大事项；严禁不如实报告个人有关事项；严禁对个人档案资料弄虚作假；严禁隐瞒入党前严重错误；严禁违规组织、参加自发成立的老乡会、校友会、战友会；严禁诬告陷害他人；严禁侵犯党员表决权、选举权和被选举权；严禁侵害党员的批评、检举、控告、申辩、作证等权利；严禁搞非组织活动破坏民主程序；严禁违反规定选拔任用干部；严禁在晋升等工作中违反规定谋取利益；严禁弄虚作假骗取职务职级等利益；严禁违反规定发展党员；严禁违规获取外国身份；严禁违规办理因私出国（境）证件；严禁在国（境）外擅自脱离组织。

（3）**廉洁纪律**　严禁以权为他人牟利、本人亲属或特定关系人收受财物；严禁权权交易、为对方或其亲属、特定关系人谋取利益；严禁纵容、默许亲属和身边工作人员利用本人职权谋取利益；严禁违规收受礼品、礼金、消费卡；严禁违规向从事公务人员或其亲属、特定关系人送礼；严禁利用职权或者职务上的影响操办婚丧喜庆事宜；严禁违规接受宴请或旅游健身娱乐等活动；严禁违规取得、持有、实际使用各种消费卡；严禁违规出入私人会所；严禁违规经商办企业；严禁违规买卖股票或进行其他证券投资；严禁违规为亲属或特定关系人经营活动谋取利益；严禁违规兼职；严禁离职或退（离）休后违规任职或从事营利活动；严禁党员领导干部配偶、子女及其配偶违规经营或者从业；严禁违规为本人、亲属和特定关系人谋求特殊待遇；严禁在分配、购买住房中侵犯国家或集体利益；严禁利用职权侵占公私财物；严禁利用职权违规使用公物；严禁组织、参加公款宴请、公款高消费活动；严禁用公款购买赠送、发放礼品；严禁违规发放薪酬奖金；严禁公款旅游；严禁违规接待或借机大吃大喝；严禁违规购买、更换、装饰、使用公车；严禁到禁止召开会议的风景名胜区开会；严禁违规举办节会、庆典活动；严禁擅自举办评比表彰活动；严禁违规兴建、装修楼堂馆所；严禁违规用房；严禁权色交易。

（4）群众纪律 严禁侵害群众利益；严禁干涉群众生产经营自主权；严禁优抚救灾中优亲厚友；严禁消极应付群众利益诉求；严禁粗暴对待群众；严禁弄虚作假损害群众利益；严禁好大喜功致使损害国家、集体或群众利益；严禁党员见危不救；严禁侵犯群众知情权。

（5）工作纪律 严禁党员领导干部不认真贯彻落实党和国家方针政策；严禁党员领导干部职权范围内发生公开反党行为；严禁党组织不履行从严治党责任；严禁党组织违规处理违纪工作；严禁因渎职导致所管理人员叛逃和出走；严禁瞒报和虚假汇报行为；严禁党员领导干部违规干预和插手市场经济活动；严禁违规干预司法行为；严禁违规干预公共财政资金分配、项目立项评审、政府奖励表彰等活动；严禁泄露、扩散或者窃取涉密资料；严禁违反考试录取工作纪律；严禁不当谋求公款出国（境）；严禁擅自延长在国（境）外期限或变更路线；严禁境外违法犯罪或不尊重宗教习俗；严禁其他不履行或者不正确履行职责的行为。

（6）生活纪律 严禁生活奢靡、贪图享乐；严禁与他人发生不正当性关系；严禁违反公序良俗；严禁违反社会公德；严禁违反家庭美德。

9. 对党员的纪律处分

根据《党章》和《中国共产党纪律处分条例》规定，对党员的纪律处分有五种：警告、严重警告、撤销党内职务、留党察看、开除党籍。

《中国共产党纪律处分条例》第 10 条规定，党员受到警告处分一年内、受到严重警告处分一年半内，不得在党内提升职务和向党外组织推荐担任高于其原任职务的党外职务。

《中国共产党纪律处分条例》第 12 条规定，留党察看处分，分为留党察看一年、留党察看两年。对于受到留党察看处分一年的党员，期满后仍不符合恢复党员权利条件的，应当延长一年留党察看期限。留党察看期限最长不得超过两年。党员受留党察看处分期间，没有表决权、选举权和被选举权。留党察看期间，确有悔改表现的，期满后恢复其党员权利；坚持不改或者又发现其他应当受到党纪处分的违纪行为的，应当开除党籍。

党员受到留党察看处分，其党内职务自然撤销。对于担任党外职务的，应当建议党外组织撤销其党外职务。受到留党察看处分的党员，恢复党员权利后两年内，不得在党内担任和向党外组织推荐担任与其原任职务相当或者高于其原任职务的职务。

《中国共产党纪律处分条例》第 13 条规定，党员受到开除党籍处分，五年内不得重新入党，也不得推荐担任与其原任职务相当或者高于其原任职务的党外职务。另有规定不准重新入党的，依照规定。

二、加强农村基层党组织建设

1.加强农村基层党组织建设的路径

党的十八大以来，以习近平同志为核心的党中央高度重视基层党建工作，反复强调党的工作最坚实的力量支撑在基层，最突出的矛盾问题也在基层，必须把抓基层打基础作为长远之计和固本之举，努力使每个基层党组织都成为坚强战斗堡垒。

（1）选好、用好村党支部书记　加强农村基层党建的首要任务就是选好、用好村党支部书记。在如何选人上，从本村现有党员中选拔村党支部书记是第一选择，特别是把农村致富带头人、外出务工经商返乡人员、返乡创业高校毕业生等见识广、有技术、思路宽的人作为重点发展对象。同时，也要拓宽选人、用人视野，打破地域、单位、身份、资历等限制，从复员退伍军人、在外工作的退休干部和教师等群体中，培养选拔优秀党员担任村党支部书记。无论选哪种类型的人，其必须是党性强、作风好、愿意为群众服务、能够带群众致富的人，防止抛开政治要求而简单强调选"能人""富人"。在如何用人上，积极探索村党支部书记职业化的路子。

（2）加强农村党员干部教育管理　补齐农村党员干部整体素质的短板，是提升基层组织战斗力的重要基础。一是着力优化党员队伍结构。注重在青年农民中发展党员，逐步调优农村党员干部队伍年龄结构。大力实施基层干部素质提升工程，重点做好村"两委"成员专科学历教育，进一步优化农村党员学历结构。二是充分发挥党支部教育管理功能。突出抓好农村党支部这个教育管理党员的载体和平台，以推进"两学一做"学习教育常态化制度化为抓手，加强党员干部日常教育，严格党内政治生活，进一步增强忠诚于党、服务群众的思想自觉和行动自觉。三是持续整顿软弱涣散村党组织。把调整不称职村干部作为衡量整顿成果和农村班子建设成效的重要指标，着眼软弱涣散村动态变化实际情况，引导县、乡两级抓常、抓早、抓小，及时发现处置苗头性问题。

（3）加大农村集体经济扶持力度　一是全面清产核资。组织专门力量，集中对村集体所有资金、资产、资源（"三资"）进行彻底清理，理清债权债务，摸清真实家底，分类登记造册，将所有集体资金或收益全部纳入乡镇农村集体"三资"委托代理服务中心，分村建账，专户管理。二是创新村集体经济增收方式。利用好脱贫攻坚期政策、资金、项目集中投放的机遇，抓住推进乡村振兴战略实施、土地制度和集体产权制度改革的机遇，积极探索资源利用、有偿服务、物业管理、混合经营等多种实现形式，引导村党组织大力发展集体经济。三是落实相关扶持政策。结合实际出台加快农村集体经济发展的措施办法，督促各级财政统筹安排扶持农业生产类资金，支持村级集体经济发展。四是加强村级经济责任审计。全面实施村级审计建立村级工作督查制度，重点对省定贫困村、有项目实施的村和集体收入较高的村进行经济责任审计，进一步规范村级经费使用，促进干部严格用权、履职尽责。

（4）强化基层基础保障　主要是健全完善以财政投入为主的经费保障制度，出台加强村级组织运转经费保障工作的具体办法，明确财政补助最低标准，合理确定村干部补贴报酬、离任村干部生活补贴、村级组织活动场所建设补助等。建立农村经费投入稳定增长机制，确保每年投入额度都以一定幅度增长，为农村各项事务正常运转提供有力保障。设立为民服务和发展专项经费，引导农村党组织采取政府购买服务的方式，为农民群众搞好服务，办实事办好事。对农村党建工作经费实行专项管理、专账核算，确保专款专用。

（5）明确各级组织抓农村基层党建责任　一是科学设置考核评价体系。牢固树立"抓好党建就是最大政绩"的导向，进一步明确县、乡、村抓农村基层党建的责任，切实发挥考核的指挥棒作用，促进各级党组织书记增强管党意识。二是严格考核奖惩措施。对县委书记管党治党履职不到位、措施不得力的，诫勉谈话、限期整改，情节严重的采取组织措施；对抓党建不力的乡镇党委书记实行重点管理，期间不得提拔重用；对工作不力的村党组织书记，视情节给予诫勉、免职或组织处理。三是从严问效问责。对工作落后、消极被动、不作为的党组织书记，坚决予以调整。开展基层干部不作为、乱作为等损害群众利益问题的专项整治，及时查处发生在群众身边的腐败问题，推动农村基层党组织建设全面进步、全面过硬。

2. 提高农村基层党组织建设的质量

党的十九大提出，要以党的政治建设为统领，以坚定理想信念宗旨为根基，以调动全党积极性、主动性、创造性为着力点，全面推进党的政治建设、思想建设、组织建设、作风建设、纪律建设，把制度建设贯穿其中，深入推进反腐败斗争，不断提高党的建设质量。这是加强和改进新时代党的建设的根本遵循和行动指南。

（1）坚持以政治建设为统领，提升农村基层党组织建设的科学化水平　一是围绕党的政治路线来加强。旗帜鲜明讲政治是马克思主义政党的根本要求。农村基层党组织作为教育管理监督党员的基本单元和组织群众、宣传群众、凝聚群众和服务群众的坚强堡垒，要围绕党的政治路线来开展，确保党的路线、方针、政策的落地生根。二是坚持思想建党和制度治党相结合。要继承发扬思想建党的优良传统，注重总结经验，把握基本规律，提高思想建党的科学化水平。同时，要结合实际，本着于法周延、于事有效、有利工作的原则，加强制度建设，优化农村基层党建考核机制、探索干部队伍职业化建设、党务工作志愿者服务机制、思想教育科学化、党建效益考核机制等问题。确保思想建党与制度治党同向发力、相互融合、相互促进。三是坚持目标导向和问题导向结合。贯彻落实基层党建的工作部署，提高服务中心、建设队伍、防范风险、凝聚人心的工作实效。

（2）以坚定理想信念宗旨为根基，提升教育管理监督的针对性　一是抓好思想理论武装。深入推进"两学一做"学习教育常态化制度化和开展"不忘初心、牢记使命"主题教育，以习近平新时代中国特色社会主义思想武装教育基层党员干部，筑牢思想根基。开展思想状况定期分析，建立党员干部思想动态研判机制，增强思想教育的针对性和有效性。二是严肃党内政治生活。坚持"三会一课"等制度，增强党内政治生活"四性"，提高党内政治生活质量。建立农村党组织建设标准化体系，明确"三会一课"、主题党日等工作流程，规范会议记录及档案留存。利用好各地红色资源，开展主题鲜明、形式灵活、载体丰富的组织生活，增强组织生活的实效性和吸引力。三是严格监督执纪。构建监督网络，健全监督体系，增强监督合力，加强纪律教育，强化纪律执行，让党员干部知敬畏、守底线、勇担当。持之以恒地开展正风肃纪，防止"四风"现象变异和反弹。加大对典型案例的通报，坚决纠正侵害基层群众利益的行为。运用监督执纪"四种形态"，用好大数据，开展涉农和扶贫领域专项资金督查，健全基层监察体系，加大对群众身边腐败问题的查处。

（3）以健全工作机制为重点，进一步增强农村基层党组织的聚合力　一是加强支部阵地建设。党的基层组织是确保党的路线、方针、政策和决策部署贯彻落实的基础，要牢牢抓住党支部建设这个根本和关键。坚持党管干部原则，发挥党组织把关定向作用，真正把党性纯、作风正、能力强、有威望、善发展的党员选出来、用起来。实施"双培双带"工程，把党员培养成致富带头人，把致富带头人中的先进分子培养成党员，党员带领群众共同发展，党组织带领致富带头人不断进步。利用好农村远程教育和基层党校，加强村民委员会班子的业务培训，提升履职能力。二是健全党员培育管理机制。坚持政治标准，落实党员发展责任制。坚持"控制总量、优化结构、提高质量、发挥作用"总方针，严把入党程序，注重从农民工、青年学生、退伍军人和"两新"组织等群体中发展党员。注重吸收先进分子和优秀人才入党，补充新鲜血液，增强党组织的生机和活力。实施网格化管理，全面推行"党员积分制管理"，稳妥有序推进不合格党员组织处置工作。三是落实党内激励关怀帮扶机制。建立困难党员、离退休党员、优秀党员等信息库，建立党内结对帮扶机制，落实领导干部走访制度，注重从政治上关心、物质上暖心和精神上关怀，帮助生活困难党员树立信心、战胜困难，选树先进典型，树立学习榜样，让离退休党员感受组织温暖，发挥"传帮带"作用。

（4）以激发党组织活力和党员内动力为着力点，提升农村基层党建的效力　一是聚焦服务中心，夯实党建载体。围绕贯彻落实党的十九大精神、推进乡村振兴战略、精准扶贫、建设美丽乡村、区域协调等战略任务，结合地方实际和部门职责，发挥基层党组织宣传政策、贯彻决定、基层治理、团结群众、推动发展的坚强堡垒，为决胜全面建成小康社会、开启社会主义现代化强国新征程统一思想、凝聚力量。二是突出作用发挥，建设骨干队伍。加大培训力度，注重培养专业能力、专业精神，增强新本领。强化实践锻炼，实施能力提升工程，通过承诺、设岗定责、领导干部进基层、共驻共建等形式，引导党员干部深入基层、深入群众、深入项目、深入改革，增进群众感情，提升执政本领。坚持严管与厚爱结合，建立科学的激励机制，构建党员干部纠错容错机制，为干部干事创业提供机制保证，激发党员干部干事创业的动力。三是注重党建实效，争创工作佳绩。结合地方特点、工作职责、专业特长、自身优势和服务需求，在打造党建品牌与提升服务效能上下功夫，在创先争优和激发动力上出实招，为干部成长、党员成才和服务群众搭舞台，进一步提高党员干部的执政本领。

三、第一书记和扶贫（驻村）工作队制度

【案例2-3】　鲁东大学举办第一书记和农村党员干部培训班

2018年5月，山东省聊城市东昌府区第一书记和农村党员干部培训班开班，有东昌府区3个帮包村新换届的全体村"两委"成员、东昌府区第一书记、部分乡镇组织委员等80余人参加。

培训班通过专题报告、实地参观考察、现场教学等形式，以农村集体经济壮大、第三产业发展、现代农业经营体系开发等为主要培训内容，围绕习近平总书记关于脱贫攻坚和乡村振兴的有关指示，邀请专家作专题报告，组织学员参观考察，到党员干部理想信念教育基地开展现场教学，并穿插观看红色电影、分组讨论、研讨交流等多种学习形式，强化提高教育培训效果，进一步开阔第一书记和党员干部视野，坚定其理想信念，增强其党性修养和理论素养，提高其"抓党建、促脱贫"的工作能力和水平。

评析： 开办培训班是培养第一书记、加强村"两委"成员培养管理的重要举措。第一书记和村"两委"成员在了解本职工作、提高工作积极性的同时，会增强使命感、责任感，注重自身知识积累，不断改进工作作风，增强业务素质，提高业务水平，做到学以致用，为当地脱贫攻坚和乡村振兴作出更大贡献。

（资料来源：姚玉勃　鲁东大学举办聊城市东昌府区第一书记和党员干部培训班）

　　第一书记是指从各级党政机关的优秀年轻干部、后备干部，国有企业、事业单位的优秀人员和以往因年龄原因从领导岗位上调整下来、尚未退休的干部中选派到村（一般为软弱涣散村和贫困村）担任党组织负责人的党员。

　　第一书记在乡镇党委领导和指导下，依靠村党组织、带领村"两委"成员开展工作，主要职责是帮助建强基层组织、推动精准扶贫、为民办事服务、提升治理水平。第一书记任期一般为两年以上，不占村"两委"班子职数，不参加换届选举。第一书记在任职期间，原则上不承担派出单位工作，原人事关系、工资和福利待遇不变，党组织关系转到村，由县（市、区、旗）党委组织部、乡镇党委和派出单位共同管理。

　　相关数据表明，党的十八大以来（截止到2016年年底），有17.68万个党政机关、企事业单位积极参与扶贫工作，共覆盖全国12.8万个建档立卡贫困村。军队和武警部队共与3 500多个贫困村建立定点帮扶关系。全国共选派了驻村干部约77万人、第一书记19.5万人。第一书记有不少是大学毕业生，甚至是博士毕业生，能够多方筹集资源，帮助村庄发展。

　　关于第一书和扶贫（驻村）工作队的管理办法可参考青海省《第一书记和扶贫（驻村）工作队干部管理办法（试行）》、陕西省《陕西省驻村扶贫工作队管理办法（试行）》、江西省《关于进一步加强第一书记和驻村工作队工作的通知》等。

　　总体来看，大多数地方和单位能够按照文件要求，认真抓好第一书记和驻村工作队工作，取得了良好成效。但从督查考核特别是国家考核评估的情况看，第一书记和驻村工作队的工作中还存在一些突出问题：一是有的贫困户对帮扶方式不满意，对驻村工作队不满意；二是有的贫困户不知道有驻村工作队，也从未见过驻村工作队；三是有的帮扶单位只是停留在简单慰问层面，落实"一户一策、因户施策"相对少；四是部分有定点帮扶贫困村任务的单位未选派驻村工作队；五是有的驻村工作队的驻村工作时间没有达到要求，工作日志记录不完善；六是一些第一书记和驻村工作队的工作不扎实、工作成效不好等。为尽早实现乡村振兴，应有针对性地解决这些问题。

第三篇

乡村振兴之乡村自治

一、乡村自治基础知识

【案例3-1】 实现乡村振兴必须摆脱"人情怪圈"

我国是礼仪之邦，注重礼尚往来是中华民族的传统美德。适当的人情往来本无可厚非，且礼尚往来的精髓在于真情互递。如今"人情礼"变味，在不少农村，除了红白喜事等传统的喜酒外，还冒出许许多多五花八门的"喜酒"这一怪诞现象。随着人们生活水平的提高，人情消费的价码也水涨船高，所谓的"人情"，随着礼金数额不断攀升而开始变味，礼数变成了钱数，礼仪只剩下礼金，礼尚往来成了沉重的经济和精神负担，变成了一种人人厌恶、想摆脱却又摆脱不了的枷锁。

评析：要摆脱"人情怪圈"，走出人情债"自诛阵"的痛苦泥沼，需要从两个方面入手。一方面要借助外部力量，如当地乡镇党委、政府和村党支部、村民委员会等党政机构或乡村自治组织，通过制定村民认同的乡规民约，由党员干部带头，半强制半规劝地遏制人情风的蔓延或者降低礼金标准，用外力推动移风易俗。另一方面要靠村民自身的观念转变，尽快摒弃"面子观"和"送礼观"，学习和采用更现代、更文明的方式维系亲友熟人之间的情谊。比如朋友之间往来，或带一瓶酒，或带一份自家做的点心、菜肴，或春天带一束田野采摘的鲜花、秋天摘一篮自家果园的果子，都可以成为最好的礼物。这样的人情消费既节约又文明，人情味还很浓，更显朋友之间的亲密。

中国古人早就说过："君子之交淡如水，小人之交甘若醴。"人情变成金钱往来，已经是人情的堕落，这不仅是农民应该摆脱的负担，更是新农村建设必须根治的恶俗。党的十九大报告中提出要实现乡村振兴，其中一个重要的指标就是"乡风文明"。摆脱了恶俗、庸俗的"人情怪圈"，乡风才谈得上文明。

（资料来源：吉林日报 实现乡村振兴必须摆脱"人情怪圈"）

乡村治理有其内在复杂性。治理主体多元，治理内容复杂，治理方式交织，区域性、地方性特征鲜明，规范性与乡土性交融，传统性与现代性共生，稳定性与变动性并存。要顺应乡村经济社会不断发展的需要，应随乡村人民思想观念的深刻变化，建立健全符合国情域情、体现时代特征、规范有序、充满活力的乡村治理机制，同时必须赋予乡村治理以充分的自主性。坚持和完善乡村群众自治制度，坚持因地制宜，发挥地方资源优势，顺民意、借民力、用民智，尊重群众首创精神，鼓励探索创新，将顶层设计与地方创造有机统一。

党的十九大报告指出，必须坚持以人民为中心的发展理念。遵循这一指导思想，健全乡村治理体系，必须做到治理为了村民、治理依靠村民、治理成果由村民共享、治理得失由村民评判；必须把服务村民、造福村民作为出发点和落脚点；必须坚持和完善村民自治制度，在乡村治理机制构建中体现村民意志，保障村民权益，激发村民创造活力；必须为村民参与治理搭建平台，拓宽渠道，丰富形式。

在乡村治理中实现自治，必须坚持党的领导，发挥基层党组织的核心作用；必须充分发挥自治组织的基础作用，加强其规范化建设，合理确定其管辖范围并加强对其履职监督；必须加强自治规范性建设，科学、民主、依法制定自治章程、村规民约并发挥其在乡村治理中的积极作用；必须健全村民自治机制，创新村民自治的方式、方法，在自治平台建设中增强村民参与自治的能动性，凸显村民主体地位，发挥村民关键性作用，村民参与自治既是权利，也是义务；必须加强自治能力建设，培育自治文化，养成自治意识，掌握自治方法，增强自治能力，包括信息获取与分析、议事协商参与、意见与利益表达、自治事务民主监督等方面的能力；必须完善乡村自治功能，培育和发展乡村社会组织，激发社会组织活力，鼓励、引导和支持乡村社会组织在乡村治理中发挥积极作用。

二、村民委员会

【案例3-2】 迎春镇司法所组织农家讲师学习村级换届选举知识

为做好黑龙江省鸡西市虎林市迎春镇村级换届选举工作，使村民合法地行使选举权利，按照镇党委的安排部署，2018年1月8日迎春镇司法所组织镇属行政村各农家讲师专题学习《中华人民共和国村民委员会选举法》以下简称《村民委员会选举法》。学习围绕村民如何正确行使选举权与被选举权，以严格依法选举、按程序选举为主要内容，强化对农家讲师关于换届选举工作的专题性培训，使农家讲师能够熟练掌握《村民委员会选举法》及村级换届流程。随后借助各村农家讲师近期开展"农家课堂"活动，将《村民委员会选举法》、村级换届流程传达到迎春镇各行政村村民心中。

评析：迎春镇为了做好村级换届选举工作，使村民合法地行使选举权利，组织农家讲师学习《村民委员会选举法》，开展"普法"活动，发挥了带动作用，保证了村级换届选举工作的顺利开展。

（资料来源：迎春镇宣传部　迎春镇司法所组织农家讲师学习《村民选举法》）

1. 村民委员会的性质和作用

村民委员会是建立在农村的基层群众性自治组织，不是国家基层政权组织，不是一级政府，也不是乡镇政府的派出机构。村民委员会对村民会议负责并报告工作。村民委员会虽不是一级政府，却在村民自治中发挥着重要作用。村民委员会主任、副主任和委员，由村民直接选举产生。任何组织或者个人不得指定、委派或者撤换村民委员会成员。

农村党支部（或党总支）应积极主动加强党对村民自治的领导，同时加强自身队伍建设，形成在村党支部（或党总支）领导下的村民自治运行机制。

2. 村民委员会的主要任务

（1）办理本居住地区的公共事务和公益事业　公共事务是指与本村全体村民生产生活直接相关的事务。公益事业是指本村的公共福利事业，主要包括：修桥铺路、兴办学校（幼儿园或敬老院）、兴修水利、植树造林、整理村容村貌、辅助贫困、救助灾害等。村民委员会办理本村公共事务和公益事业，必须着眼于解决村民生产生活存在的实际困难，实事求是，量力而为，从本村实际情况出发，考虑村民的需要和承受能力。决定办理的事项，要坚持民主自愿的原则，充分发动村民就所办理事项进行讨论并决定，自愿去办理。

（2）调解民间纠纷　这是一项重要的经常性工作。由于各种利益的冲突，村民之间、邻居之间和家庭内部，不可避免地会发生矛盾，如婚姻、家庭、继承、财产、宅基地、水利、土地、山林、损害赔偿等常见纠纷，还有轻微违法刑事纠纷。村民的纠纷不是根本利益的冲突和对立，往往是局部利益或暂时利益引起的纠纷，村民委员会是村民自己选出的自治组织，受到村民信赖，并对本村情况和人际关系熟悉，有条件及时调解和解决，避免矛盾激化。

（3）协助政府维护社会治安　村民委员会要及时向人民政府反映村民的意见，提出建议。维护社会治安是公安机关的主要职责，但是由于我国地域辽阔、人口众多，需要动员群众力量来参加社会治安管理，重点做好治安防范工作，广泛开展法制宣传和教育工作，深入开展社会治安综合治理工作。

3. 完善民主议事制度

2010 年修正的《中华人民共和国村民委员会组织法》(以下简称《村民委员会组织法》) 完善了民主议事制度。民主议事是村民自治中村民行使民主权利、维护自身利益的重要制度,对于制约村民委员会不作为或者乱作为发挥着重要作用。

4. 村民会议

《村民委员会组织法》规定:村民会议由本村十八周岁以上的村民组成。村民会议由村民委员会召集。有十分之一以上的村民或者三分之一以上的村民代表提议,应当召集村民会议。召集村民会议,应当提前十天通知村民。

召开村民会议,应当有本村十八周岁以上村民的过半数,或者本村三分之二以上的户的代表参加,村民会议所作决定应当经到会人员的过半数通过。法律对召开村民会议及作出决定另有规定的,依照其规定。召开村民会议,根据需要可以邀请驻本村的企业、事业单位和群众组织派代表列席。

近年来,由于以下原因增加了村民会议召开的难度:一是农村外出务工经商人员较多,绝大多数人不愿意专门为参加村民会议或选举而回村;二是部分村民参与意识不强;三是村组合并。

【案例 3-3】 转让土地使用权的协议是否为无效合同

2017 年 12 月 16 日,江西省 A 县 B 村村民委员会与张文签订转让协议,约定本村集体所有的位于大毛坪大塘下的土地使用权和原某小学楼房转让给张文,转让价格为 22 万元。原告黄勇等 124 位村民认为张文与村民委员会签订的转让协议违反了法律规定的民主议定原则,无视村民的自治权利,故而向人民法院起诉,请求判决 B 村村民委员会与张文签订的转让协议为无效合同。

评析:农村集体经济组织所有的财产,属于该村全体村民集体所有。每个村民对集体所有的财产均享有权利，部分村民对集体所有财产享有部分的财产权。被告人 B 村村民委员会未经民主议定程序，未召开村民会议表决，擅自将集体土地和集体财产转让给张文（第三人），损害了集体和村民的利益，违反了《村民委员会组织法》第 24 条的规定。人民法院依据该法律规定，判决 B 村村民委员会与第三人张文签订的转让协议为无效合同。

村民会议具有立约权、决策权、组织权和监督权，讨论决定涉及全体村民利益的事项。

村民会议行使下列职权：①制定、修改村民自治章程、村规民约。②选举、罢免村民委员会成员。③讨论决定由村负担的村民委员会成员、村民代表、村监事会成员、村民小组组长、副组长的报酬或补贴标准，以及本村享受误工补贴的人数及补贴标准。④讨论决定村办学校、村建道路等村公益事业的经费筹集方案。⑤讨论决定村集体经济项目的立项、承包方案及村公益事业的建设承包方案。⑥讨论决定村民的承包经营方案。⑦讨论决定转让土地的面积与价格和转让费的收入、分配与支配，以及征用土地的面积及补偿方案。⑧讨论决定宅基地的使用方案。⑨讨论决定本村发展规划和年度计划。⑩一事一议，以及有关筹资筹劳事项。⑪讨论决定村集体 2 万元以上的非生产性开支及 10 万元以上的生产性开支，或人均 50 元以上的公益性事业建设项目。⑫推选产生民主理财小组。⑬审议村民委员会和村民代表会议的工作报告、村务收支情况，评议村民委员会成员和村民代表的工作。⑭撤销或者改变村民代表会议不适当的决定。⑮撤销或者改变村民委员会不适当的决定。⑯讨论决定从村集体经济所得收益的使用与分配方案。⑰讨论决定村民会议认为应当由村民会议讨论决定的涉及全体村民利益的其他事项。⑱法律、法规规定的其他职权。

前款除①、②、⑪、⑭项外，村民会议可以授权村民代表会议讨论决定。村民会议作出的决议、决定，由村民委员会负责组织实施。

5. 村民代表会议

《村民委员会组织法》规定：人数较多或者居住分散的村，可以设立村民代表会议，讨论决定村民会议授权的事项。村民代表会议由村民委员会成员和村民代表组成，村民代表应当占村民代表会议组成人员的五分之四以上，妇女村民代表应当占村民代表会议组成人员的三分之一以上。村民代表由村民按每五户至十五户推选一人，或者由各村民小组推选若干人。村民代表的任期与村民委员会的任期相同。村民代表可以连选连任。村民代表应当向其推选户或者村民小组负责，接受村民监督。村民代表会议由村民委员会召集。村民代表会议每季度召开一次。有五分之一以上的村民代表提议，应当召集村民代表会议。村民代表会议有三分之二以上的组成人员参加方可召开，所作决定应当经到会人员的过半数同意。

村民代表享有以下权利：①知情权。村民代表可以约见村民委员会成员，了解村民委员会的工作情况和村务方面的具体情况。②建议权和批评权。村民代表应广泛征求村民意见，及时向村民委员会提出工作建议、批评和意见。③表决权。村民代表参加村民代表会议，讨论村务方面的重大事项，参与表决。④监督权。村民代表有权监督村民委员会的工作，特别是对村务公开的监督，如村民委员会不及时公布应公布的村务事项，或者公布的事项不真实，村民代表有权向县、乡级政府及其有关部门反映，有关政府机关应当负责调查核实，责令公布或者纠正。经查证确有违法行为的，有关人员应当依法承担责任。⑤依法履行职务的保障权。如发生村民代表因履行职务而被打击报复或者被侵害政治、经济权益的行为，有关部门必须严肃查处。

村民代表履行的义务：①必须遵守宪法、法律和法规，遵守社会公德和公共秩序，自觉遵守村民自治章程和村规民约。②密切联系原选区的村民，广泛听取和反映他们的建议、意见和要求，及时通报村民代表会议精神，传达村民代表会议决议。③带头履行法定义务，带头执行村民代表会议的各项决定，监督村民委员会执行村民代表会议决议。④树立全局观念，从维护全体村民的利益出发，认真履行职责，化解基层矛盾，支持镇、村工作。⑤行使权利时，不得损害国家、社会、集体和其他村民的合法权益。

6. 村民小组会议

为了切实保障村民依法办理自己的事情，保障其利益不受侵害，《村民委员会组织法》规定：召开村民小组会议，应当有本村民小组十八周岁以上的村民三分之二以上，或者本村民小组三分之二以上的户的代表参加，所作决定应当经到会人员的过半数同意。村民小组组长由村民小组会议推选。村民小组组长任期与村民委员会的任期相同，可以连选连任。属于村民小组的集体所有的土地、企业和其他财产的经营管理以及公益事项的办理，由村民小组会议依照有关法律的规定讨论决定，所作决定及实施情况应当及时向本村民小组的村民公布。

7. 民主评议

《村民委员会组织法》规定：村民委员会成员以及由村民或者村集体承担误工补贴的聘用人员，应当接受村民会议或者村民代表会议对其履行职责情况的民主评议。民主评议每年至少进行一次，由村务监督机构主持。村民委员会成员连续两年被评议为不称职的，其职务终止。

8. 村务档案

《村民委员会组织法》规定：村民委员会和村务监督机构应当建立村务档案。村务档案包括：选举文件和选票，会议记录，土地发包方案和承包合同，经济合同，集体财务账目，集体资产登记文件，公益设施基本资料，基本建设资料，宅基地使用方案，征地补偿费使用及分配方案等。村务档案应当真实、准确、完整、规范。

9. 村民委员会成员实行任期和离任经济责任审计

《村民委员会组织法》规定：村民委员会成员实行任期和离任经济责任审计。审计包括下列事项：①本村财务收支情况；②本村债权债务情况；③政府拨付和接受社会捐赠的资金、物资管理使用情况；④本村生产经营和建设项目的发包管理以及公益事业建设项目招标投标情况；⑤本村资金管理使用以及本村集体资产、资源的承包、租赁、担保、出让情况，征地补偿费的使用、分配情况；⑥本村五分之一以上的村民要求审计的其他事项。

村民委员会成员的任期和离任经济责任审计，由县级人民政府农业部门、财政部门或者乡、民族乡、镇的人民政府负责组织，审计结果应当公布，其中离任经济责任审计结果应当在下一届村民委员会选举之前公布。

10. 侵害村民权利的责任承担

村民自治章程、村规民约以及村民会议或者村民代表会议的决定违反宪法、法律、法规和国家的政策，侵犯村民的人身权利、民主权利和合法财产权利的，由乡、民族乡、镇的人民政府责令改正。

村民委员会或者村民委员会成员作出的决定侵犯村民合法权益的，受侵害的村民可以申请人民法院予以撤销，责任人依法承担法律责任。

此外，《村民委员会组织法》对加强基层党组织对村民自治的领导、村民委员会职责、村民委员会开展工作和办理村公益事业的经费保障等作了完善。

【案例 3-4】 陕西两村民破坏换届选举秩序被行政拘留 5 日

2018 年 3 月 11 日,陕西省华阴市孟塬镇北城村开始入户推选工作,该村郭某、吴某 2 人分别以没有看到宣传公告及听到喇叭宣传、错过自己和不让自己投票为借口,干扰选举工作。在工作人员耐心解释和再三劝说的情况下,吴某不但不听,而且恶意辱骂工作人员,当场从工作人员手中抢走票箱,郭某用脚踩踏票箱并谩骂工作人员,导致选举工作中断,严重影响换届秩序,在群众中造成极其恶劣的影响。华阴市公安局孟塬派出所接到报警后,民警迅速出警。

评析: 陕西省华阴市孟塬镇北城村郭某、吴某因破坏村"两委"换届选举工作秩序,依据《中华人民共和国治安管理处罚法》(以下简称《治安管理处罚法》)第 23 条第 1 款被处以行政拘留 5 日的行政处罚。

(资料来源:于忠虎 陕西两村民破坏换届选举秩序被行政拘留 5 日)

11. 村民享有和行使选举权

村民一般居住在农村,享有村集体公共财产的使用权和相应的收益权,并承担相应的义务。村民是村民自治的主体。

年满十八周岁的村民享有和行使选举权。

在村民委员会选举中,选举权包括推选权、登记权、提名权、投票权、罢免权。推选权是推选产生村民选举委员会的权利。登记权是登记成为某届村民委员会选民的权利。提名权是直接提名村民委员会成员候选人的权利。直接提名包括选民自我提名、选民联名提名、选民个人提名。选民个人提名在预选会议上以投票方式进行,提名投票须不记名秘密写票。投票权是在村民委员会选举日参加投票的权利。罢免权是对村民选举委员会成员提出罢免要求的权利。

12. 村民享有和行使被选举权

年满十八周岁的村民享有和行使被选举权。

被选举权是指选民享有的被选举当选为本村村民委员会成员的权利。在村民委员会选举中，被选举权包括参选权、竞选权、候选权、当选权、任职权。参选权是表明担任村民委员会成员的意愿并接受选民投票选择的权利。竞选权是以当选村民委员会成员为目标与其他选民为同一职务竞争选民选票的权利。候选权是作为初步候选人、正式候选人接受选民投票选择的权利。当选权是因获得法定的赞成选票数量而当选村民委员会成员的权利。任职权是当选村民委员会成员后就任相应成员职务的权利。

村民的被选举权可依照法律剥夺与停止。剥夺被选举权，适用《中华人民共和国刑法》（以下简称《刑法》）剥夺政治权利的规定。对被剥夺被选举权选民的候选人提名无效。

被判处徒刑、拘役、管制、被羁押、正在取保候审或者被监视居住、正在被劳动教养、正在受拘留处罚的选民，如果本届村民委员会选举日及其后其人身自由能够恢复，则有权行使被选举权；如果本届村民委员会选举日及其后其人身自由不能恢复，则停止行使被选举权。其人身自由届时能否恢复，由判处限制其人身自由的机关或者负责限制其人身自由的机关出具书面证明。

13. 村民民主选举程序

村民委员会选举是实行村民自治的重要环节。完善村民委员会成员的选举和罢免程序，是《村民委员会组织法》的一项重要内容。

（1）完善村民选举委员会的组成和推选程序　村民委员会的选举，由村民选举委员会主持。村民选举委员会由主任和委员组成，由村民会议、村民代表会议或者各村民小组会议推选产生。

村民选举委员会成员被提名为村民委员会成员候选人，应当退出村民选举委员会。村民选举委员会成员退出村民选举委员会或者因其他原因出缺的，按照原推选结果依次递补，也可以另行推选。

（2）选民登记 《村民委员会组织法》规定：年满十八周岁的村民，不分民族、种族、性别、职业、家庭出身、宗教信仰、教育程度、财产状况、居住期限，都有选举权和被选举权；但是，依照法律被剥夺政治权利的人除外。

《村民委员会组织法》规定：村民委员会选举前，应当对下列人员进行登记，列入参加选举的村民名单：户籍在本村并且在本村居住的村民；户籍在本村，不在本村居住，本人表示参加选举的村民；户籍不在本村，在本村居住一年以上，本人申请参加选举，并且经村民会议或者村民代表会议同意参加选举的公民。同时还规定，已在户籍所在村或者居住村登记参加选举的村民，不得再参加其他地方村民委员会的选举。

（3）村民名单的公布 《村民委员会组织法》规定：登记参加选举的村民名单应当在选举日的二十日前由村民选举委员会公布。对登记参加选举的村民名单有异议的，应当自名单公布之日起五日内向村民选举委员会申诉，村民选举委员会应当自收到申诉之日起三日内作出处理决定，并公布处理结果。

（4）村民委员会候选人条件 《村民委员会组织法》规定：村民提名候选人，应当从全体村民利益出发，推荐奉公守法、品行良好、公道正派、热心公益、具有一定文化水平和工作能力的村民为候选人。村民选举委员会应当组织候选人与村民见面，由候选人介绍履行职责的设想，回答村民提出的问题。

（5）选举程序规范 《村民委员会组织法》规定：选举村民委员会，有登记参加选举的村民过半数投票，选举有效；候选人获得参加投票的村民过半数的选票，始得当选。当选人数不足应选名额的，不足的名额另行选举。另行选举的，第一次投票未当选的人员得票多的为候选人，候选人以得票多的当选，但是所得票数不得少于已投选票总数的三分之一。

选举实行无记名投票、公开计票的方法，选举结果应当当场公布。选举时，应当设立秘密写票处。登记参加选举的村民，选举期间外出不能参加投票的，可以书面委托本村有选举权的近亲属代为投票。村民选举委员会应当公布委托人和受委托人的名单。

【案例 3-5】　王家村本次选举是否有效

陈某南是湖南省 A 县 B 镇王家村人。2002 年 1 月 15 日，该村进行村级换届选举。陈某南和陈某产两位村主任候选人的当选票数均未过选民半数。次日，B 镇镇政府委派两名负责干部监督重新选举，共发出选票 1009 张，收回选票 1016 张，多出了 7 张选票。然后，该村民选举委员会经举手表决，一致通过陈某南当选为该村村主任。随后，陈某南履行村主任职责。期间，有群众向 A 县民政局举报，反映王家村村主任的选举有多票行为。

评析：A 县民政局派员检查后，根据《湖南省村民委员会选举办法》有关规定，下发书面通知，鉴于选举有多票行为，确认本次村主任选举无效。B 镇人民政府终止了陈某南的村主任职务。陈某南即向 A 县人民法院提起行政诉讼，以 A 县民政局所下发的通知侵犯其合法权益为由，要求撤销确认通知，并恢复名誉。A 县人民法院根据最高人民法院《关于执行〈中华人民共和国行政诉讼法〉若干问题的解释》第 57 条,《湖南省村民委员会选举办法》第 34 条、第 35 条的规定，作出一审行政判决，认定 A 县民政局作出的确认王家村选举无效的行政行为事实依据充分，适用法律准确，程序合法，驳回陈某南的诉讼请求。

（6）村民委员会成员的罢免　《村民委员会组织法》规定：

本村五分之一以上有选举权的村民或者三分之一以上的村民代表联名，可以提出罢免村民委员会成员的要求，并说明要求罢免的理由。被提出罢免的村民委员会成员有权提出申辩意见。罢免村民委员会成员，须有登记参加选举的村民过半数投票，并须经投票的村民过半数通过。

（7）选举权和被选举权的保护　《村民委员会组织法》规定：以暴力、威胁、欺骗、贿赂、伪造选票、虚报选举票数等不正当手段当选村民委员会成员的，当选无效。对以暴力、威胁、欺骗、贿赂、伪造选票、虚报选举票数等不正当手段，妨害村民行使选举权、被选举权，破坏村民委员会选举的行为，村民有权向乡、民族乡、镇的人民代表大会和人民政府或者县级人民代表大会常务委员会和人民政府及其有关主管部门举报，由乡级或者县级人民政府负责调查并依法处理。

（8）村民委员会成员因各种原因出现空缺时的办理　《村民委员会组织法》规定：村民委员会成员丧失行为能力或者被判处刑罚的，其职务自行终止。村民委员会成员出缺，可以由村民会议或者村民代表会议进行补选。补选程序参照《村民委员会组织法》第15条的规定办理。补选的村民委员会成员的任期到本届村民委员会任期届满时止。

14. 村民委员会任期

《村民委员会组织法》规定：村民委员会每届任期三年，届满应当及时举行换届选举。村民委员会成员可以连选连任。

15. 理 事 会

理事会由5～7人组成，成员由组织能力强、热心公益事业、办事公道的村组干部、老同志、党团员、积极分子组成，经本组村民大会或村民代表大会选举产生。在理事会成员中选举会长一名。村民理事会会长应由村"两委"班子成员、村民小组长或党小组长担任。

　　理事会每届任期三年，理事会任期期满，要及时召开本村村民大会或村民代表大会，选举新一届理事会。理事会成员可连选连任。

　　理事会享有和承担的权利和义务主要有以下几项。

　　（1）理事会对村民代表会议负责，代表村民行使职能，至少每季度向村民代表会议汇报一次工作。

　　（2）认真贯彻落实党和国家的方针政策，切实履行村庄公共事务管理，建立完善和监督执行村规民约，及时纠正违反村规民约等相关制度的人和事。

　　（3）切实履行本村组乡村振兴战略实施建设的管理职能，负责协助技术部门制定和实施村庄规划，负责与农户签订建设意向协议，负责向政府自主申请新农村建设示范点，积极担负起建设资金筹集管理、建设合同签订、工程进度督促、建设质量监管的具体职责，逐步完善村组基础设施和公益事业设施，努力提升村民的生产生活质量。

　　（4）负责听取并收集各个方面的意见建议，协调解决村内的有关问题和困难。

　　（5）负责组织开展文明新风培育创建活动，广泛开展互助活动，增强村民参与活动的积极性和主动性。

　　（6）尊重村民权利，维护村民利益，以实施各类农民培训工程为契机，积极引导村民做一个有一定致富能力、文明守法、移风易俗的新型农民。组织村民摒弃陈规陋习，弘扬文明新风，倡导健康、文明、科学的生活方式。

　　（7）按照"民办、民管、民劳、民受益"的原则，培育和组建新经济组织，为本村全体村民提供产前、产中、产后各项服务，达到"信息畅通、技术互帮、资金互助、成果共享"的目标。

16. 监事会

　　（1）监事会成员标准　监事会要想发挥大作用，保证监事会成员的公信力是前提。设立遴选条件，一是作风正派、个人威望高、群众基础好；二是不能与村干部有任何亲缘或利益关系；三是有一定的经济实力，为群众做事不求回报。

（2）监事会运行机制　为保障监事会工作顺利推进，镇、村两级可结合实际，配套实施三项制度。一是召开村民代表大会，制定出台《监事会工作机构章程》，明确其职责和工作流程。二是镇政府授权赋予监事会直接向镇纪委反映问题的"特权"。三是为监事会提供固定办公场所，与村"两委"同步开展工作。要最大限度地保障监事会成员的工作知情权和职责行使权。

（3）监事会工作职责　针对农村土地征收、住房拆迁、土地流转等历史遗留问题导致的农村信访和群众诉求增多现象，监事会应当履行工作职责，有效化解农村社会矛盾。一是当好监督员。对村务公开、财务收支、重大事项决策等村务全程监督，坚持每周一次汇总分析，每月一次村级财务督查。二是当好矛盾调解员。利用监事会成员威望高的优势，协助村"两委"调解村民矛盾、维护信访稳定。三是当好发展参谋员。监事会成员要发挥群众基础好的优势，搜集村民普遍诉求，一方面向村"两委"反映，畅通民意表达渠道，为村庄的发展建言献策；另一方面将村"两委"具体工作向村民解释，取得村民的理解与支持。

【案例3-6】　南昌县的村级建设由村民做主，15个行政村成立村民理事会和监事会

江西省南昌县将2017年确定为"村级组织活动场所标准化"建设年，村级活动场所"四室一站一场一栏"标准化建设在该县如火如荼开展。为使村级组织活动场所建设顺利进行、建设资金得到最大限度的合理使用，南昌县探索通过村民理事会和监事会，采取"包工不包料"方式建设村级场所，村级场所建设由村民自己做主。

南昌县村民理事会和监事会成员由村民代表会议在村民中直

接推选产生，理事会由5人或7人组成，监事会由3～5人组成。村民理事会的主要职责是研究制定建设规划，确定项目施工方并签订合同，采购建设材料，完善台账以及向村民监事会和村民通报项目建设及资金使用情况。理事会成员中包含至少1名熟悉房屋建造技术的村民代表。村民监事全程义务监督，除了对村民理事会的材料采购、施工质量和资金使用等工作进行监督外，还负责替村民理事会收集群众对项目建设的意见和建议。一旦理事会在项目建设中出现违纪、违法问题，监事会可在第一时间向县、乡领导小组反映，力求村民中心建设过程的公开与透明。

评析：南昌县采取通过村民理事会和监事会使村级重大建设事项由村民自己做主的好办法，使村级组织活动场所建设顺利进行、建设资金得到最大限度的合理使用。

（资料来源：央广网江西频道 南昌县村级建设村民做主，15个行政村成立村民理事会和监事会）

17. 村务监督机构

2017年12月，中共中央办公厅、国务院办公厅印发的《关于建立健全村务监督委员会的指导意见》指出，村务监督委员会是村民对村务进行民主监督的机构。建立健全村务监督委员会，对从源头上遏制村民群众身边的不正之风和腐败问题、促进农村和谐稳定，具有重要作用。

《村民委员会组织法》规定：村应当建立村务监督委员会或者其他形式的村务监督机构，负责村民民主理财，监督村务公开等制度的落实，其成员由村民会议或者村民代表会议在村民中选举产生，其中应有具备财会、管理知识的人员。村民委员会成员及其近亲属不得担任村务监督机构成员。村务监督机构成员向村民会议和村民代表会议负责，可以列席村民委员会会议。

（1）村务监督委员会的地位 村务监督委员会在村党组织的

领导下，由村民代表会议民主选举产生，实行村民自我管理、自我监督；组织协调村民代表会议依法监督村民委员会执行党的路线、方针、政策和决议以及村经济社会事业发展的情况等。

（2）村务监督委员会的组织机构　村务监督委员会根据村民委员会的总人数由3～7人组成，其中设主任1名、副主任1～2名。监督委员会根据各村实际情况可下设村务公开、财务、重点工程、治保安全、环境卫生等监督小组，组长一般由监督委员会成员担任。按照《村民委员会组织法》第32条规定"村民委员会成员及其近亲属不得担任村务监督机构成员"，大部分地区的监督委员会成员的选定也应按照此项回避制度实施，但部分地区的监督委员会主任是由村"两委"成员担任的，如浙江省温岭市的监督委员会主任原则上由村党支部成员兼任，陕西省西安市鄠邑区镇级监督委员会主任是由村党支部的纪检委员兼任，陕西省部分地区并无回避制度。

（3）村务监督委员会任职条件　①本村村民代表，为人正派，无违法乱纪行为。②了解国家法律、法规和政策，且有协调议事能力。③能正确运用法律、法规和政策规定进行有效监督。④忠于职守，坚持原则，公道正派，廉洁奉公，热衷于公益事业。

（4）村务监督委员会及其成员的权利　①知情权。列席村民委员会、村民小组、村民代表会议和村"两委"联席会议等，了解掌握情况。②质询权。对村民反映强烈的村务、财务问题进行质询，并请有关方面向村民作出说明。③审核权。对民主理财和村务公开等制度落实情况进行审核。④建议权。向村"两委"提出村务管理建议，必要时可向乡镇党委和政府提出建议。村务监督委员会及其成员要依纪依法、实事求是、客观公正地进行监督，不直接参与具体村务决策和管理，不干预村"两委"日常工作。⑤主持民主评议权。村民会议或村民代表会议对村民委员会成员以及由村民或村集体承担误工补贴的聘用人员履行职责情况进行民主评议，由村务监督委员会主持。

（5）村务监督委员会的监督内容　村务监督委员会要紧密结合村情实际，重点加强以下方面的监督：①村务决策和公开情况。主要是村务决策是否按照规定程序进行，村务公开是否全面、真实、及时、规范。②村级财产管理情况。主要是村民委员会、村民小组代行管理的村集体资金资产资源管理情况，村级其他财务管理情况。③村工程项目建设情况。主要是基础设施和公共服务建设等工程项目立项、招投标、预决算、建设施工、质量验收情况。④惠农政策措施落实情况。主要是支农和扶贫资金使用、各项农业补贴资金发放、农村社会救助资金申请和发放等情况。⑤农村精神文明建设情况。主要是建设文明乡风、创建文明村镇、推动移风易俗，开展农村环境卫生整治，执行村民自治章程和村规民约等情况。⑥其他应当监督的事项。

18. 村务公开

（1）村务公开是村民行使监督权的有效途径　村民委员会是村民自我管理、自我教育、自我服务的基层群众性自治组织。广大村民享有知情权、参与权、决策权和监督权，是管理农村事务的主人。村民委员会应实行村务公开制度。村务公开制度是指村民委员会及时或至少每季度公布一次涉及财务的事项，接受村民监督的制度。

村务公开分为政务公开、事务公开、财务公开。《村民委员会组织法》规定，村民委员会应当及时公布下列事项，接受村民的监督。

①由村民会议、村民代表会议开会讨论决定的事项及其实施情况。具体包括：乡统筹的收缴办法，村提留的收缴及使用情况；本村享受误工补贴的人数及补贴标准；从村集体经济所得收益的使用情况；村办学校、村建道路等村公益事业的经费筹集方案；村集体经济项目的立项、承包方案及村公益事业的建设承包方案；村民的承包经营方案；宅基地的使用方案；村民会议认为

应当由村民会议讨论决定的涉及村民利益的其他事项。

②国家计划生育政策的落实方案。村民委员会要向村民公开国家的生育政策，年度人口计划等。

③救灾救济款物的发放情况。村民委员会要向村民公开国家的有关政策，发放的对象和标准，上级拨来的款物的明细数量，领取者的名单和数量。

④村民委员会协助人民政府开展工作的情况。

⑤涉及本村村民利益、村民普遍关心的其他事项。如村民关心的征兵、招生和乡镇或村办中小学收费情况。

（2）"四议"程序 凡涉及村里的重大决策、重要干部任免、重大项目安排和大额资金使用，都要按照以下民主决策程序进行。

①提议 凡是党支部书记或村民委员会主任认为需要开会讨论决定的事情，首先应在村两个主干之间相互提出来，两主干之间达成共识后，再在村"两委"会上提议。其他村"两委"班子成员认为自己分管范围内的某一项工作需要上会研究的，应直接向党支部书记或村民委员会主任提议，由两个主干碰头商定后再在村"两委"会上提议，未经两主干碰头商定的事情，党支部书记和村民委员会主任任何一方不准单独在村"两委"会上提议。

②商议 由党支部书记组织并主持村"两委"班子成员商议事情的联席会议，并由会前提议上会讨论的班子成员向会议作出议题说明，然后安排足够的时间让与会人员对议题进行讨论。讨论时，党支书部记在听取其他领导班子成员的意见后再表明自己的态度，最后党支部书记综合各方面情况，采用民主集中制的方式集体决定。

③审议 通过村"两委"讨论决定的事情，属于重大事项的，首先要经过党支部会议进行审议。审议形式为：支部书记向会议提出村"两委"讨论的事项；参会党员以党小组为单位分开讨论；党小组汇报讨论结果；全体参会人员进行表决。

④决议　通过党支部会议表决通过的事情，再召开村民代表会议进行决议，决议的程序为：党支部或村民委员会主要领导向村民代表汇报党支部所审议通过的事情；村民代表充分发表各自的观点；就党支部审议通过的事情进行表决。

召开村"两委"会议、党员会议、村民代表会议，实参会人员必须达到应参会人员的三分之二以上方可开会；讨论表决通过的事情必须经实到会人员半数以上人员通过方有效；表决形式可选择口头、举手、无记名投票三种形式中的任何一种；讨论确定某个分管领导所提议的问题时，无特殊情况必须有其分管领导参会，否则本次会议暂不确定。

（3）"两公开"要求

①决策公开　经过"四议"所决定的工作在实施过程中要将实施的每一个环节进行公开。公开的内容包括：工作进展情况、资金使用情况、存在哪些问题、下阶段如何发展等，通过公开让广大群众对该项工作有充分了解。

②实施结果公开　每项工作结束后，要将该项工作的完成情况和资金使用情况以及经济效益、社会效益等情况全方位向公众公开。

村务公开的形式法律、法规上没有明确规定。应坚持实际、实用、实效的原则，在便于群众观看的地方设立固定的村务公开栏。有条件的地区还可以通过广播、电视、网络、"明白纸"、民主听证会等形式公开。

村务公开的时间：一般的村务事项定期公开，至少每季度公开一次，涉及农民利益的重大问题以及群众关心的事项要及时公开。集体财务往来较多的村，财务收支情况应每月公布一次。时限较长的事项，如修公路、建学校等，每完成一个阶段任务公布一次进展情况。

（4）对村民委员会不及时公布应当公布的事项或者公布的事项不真实的法律责任　对村民委员会不及时公布应当公布的事项

或者公布的事项不真实的，村民有权向乡、民族乡、镇的人民政府或者县级人民政府及其有关主管部门反映，有关人民政府或者主管部门应当负责调查核实，责令依法公布。经查证确有违法行为的，有关人员应当依法承担责任。

（5）村政务公开　村政务公开内容包括：计划生育、征兵、土地补偿、救灾款物发放、大病救助、低保申报、宅基地审批以及国家投资项目、招商引资等。

（6）村事务公开　村事务公开内容包括：享受务工补贴人数及补贴标准、村集体投资项目及资产承包、"一事一议"筹资筹劳、土地承包流转情况。

（7）村财务公开　《农村集体经济组织财务公开规定》（农经发〔2011〕13号）适用于按村或村民小组设置的集体经济组织（以下简称"村集体经济组织"）。代行村集体经济组织职能的村民委员会（村民小组）、撤村后代行原村集体经济组织职能的农村社区（居委会）、村集体经济组织产权制度改革后成立的股份合作经济组织，适用此规定。

①民主理财小组　村集体经济组织应当建立以群众代表为主组成的民主理财小组，对财务公开活动进行监督。民主理财小组成员由村集体经济组织成员会议或成员代表会议从村务监督机构成员中推选产生，其成员数依村规模和理财工作量大小确定，一般为3～5人；村干部、财会人员及其近亲属不得担任民主理财小组成员。

②财务公开的内容

一是财务计划。包括：财务收支计划；固定资产购建计划；农业基本建设计划；公益事业建设及"一事一议"筹资筹劳计划；集体资产经营与处置、资源开发利用、对外投资等计划；收益分配计划；经村集体经济组织成员会议或成员代表会议讨论确定的其他财务计划。

二是各项收入。包括：产品销售收入、租赁收入、服务收入等集体经营收入；发包及上交收入；投资收入；"一事一议"筹资及以资代劳款项；村级组织运转经费财政补助款项；上级专项补助款项；征占土地补偿款项；救济扶贫款项；社会捐赠款项；资产处置收入；其他收入。

三是各项支出。包括：集体经营支出；村组干部报酬；报刊费支出；办公费、差旅费、会议费、卫生费、治安费等管理费支出；集体公益福利支出；固定资产购建支出；征占土地补偿支出；救济扶贫专项支出；社会捐赠支出；其他支出。

四是各项资产。包括：现金及银行存款；产品物资；固定资产；农业资产；对外投资；其他资产。

五是各类资源。包括：集体所有的耕地、林地、草地、园地、滩涂、水面、"四荒地"、集体建设用地等。

六是债权债务。包括：应收单位和个人欠款；银行（信用社）贷款；欠单位和个人款；其他债权债务。

七是收益分配。包括：收益总额；提取公积公益金数额；提取福利费数额；外来投资分利数额；成员分配数额；其他分配数额。

八是其他需要公开的事项。

村集体经济组织财务公开内容必须真实可靠。财务公开前，应当由民主理财小组对公开内容的真实性、完整性进行审核，提出审查意见。财务公开资料经村集体经济组织负责人、民主理财小组负责人和主管会计签字后公开，并报乡（镇）农村经营管理部门备案。

③专项公开的事项　村集体经济组织应当按规定的公开内容进行逐项逐笔公开。下列事项，应当专项公开：一是集体土地征占补偿及分配情况；二是集体资产资源发包、租赁、出让、投资及收益（亏损）情况；三是集体工程招投标及预决算情况；四是"一事一议"筹资筹劳及使用情况；五是其他需要进行专项公开的事项。

④公开时间和公开方式　村集体经济组织财务至少每季度公

开一次；财务往来较多的，收支情况应当每月公开一次，具体公开时间由所在地县级以上农村经营管理部门统一确定。对于多数成员或民主理财小组要求公开的内容，应当及时单独进行公开。涉及集体经济组织及其成员利益的重大事项应当随时公开。

村集体经济组织应当设置固定的公开栏进行财务公开。同时，也可以通过广播、网络、"明白纸"、会议、电子触摸屏等形式进行辅助公开。

（8）推进村级财务阳光工程　聚焦群众反映强烈的村级财务公开看不见看不懂、不及时不规范、不广泛不透明、管理乱监督难等突出问题，推行村级"阳光财务"，着力改进基层干部作风，净化基层政治生态，不断提升基层社会治理能力。

①扩大公开渠道，解决"看不见"的问题　公开的形式直接决定了公开的实效性。针对当前农村主要由老人、妇女以及外出务工等群体重叠构成的特点，公开的形式可以采取以下几种：一是定点公开。财务公开栏主体设在村党员群众服务中心，人口较多的村可延伸到人口活动密集或便于村民观看的村组。将有威望的老党员、老干部吸纳进村务监督委员会，扩大和提升老年人对村级财务公开的需求。二是会议公开。将村级财务管理公开纳入每月"支部主题党日"的规定内容，对每月村级财务支出进行"晒账"，党员议一议、定一定、评一评。对于临时性的村级重大支出，召开村民（代表）会议、民主听证会，多方听取群众意见。三是网络公开。利用已有的村级QQ（微信）群和"智慧党建"平台，及时推送每月的村级财务公开情况，既有助于提升外出务工人员的知晓率，也可激发农村年轻人参与村级事务的热情。

②细化公开内容，解决"看不懂"的问题　针对原有村级财务公开项目多、专业术语多、村民难看懂的问题：一是化繁为简。根据实际情况适当地减少专业术语的使用，将公开的内容统一用通俗易懂的语言、简洁的文字和准确的数据翔实地反映出来。二是突出重点。除了定期全面公开和适时公开外，专设村级

财务公开栏，对于群众重点关注的救济救灾款、低保金发放、各项惠农政策和涉农补贴资金发放、集体资源资产承包租赁出让收益、精准扶贫资金使用等，可采取附表形式逐项逐笔专项公开。三是公开答疑。村民对公开内容有疑问，可以口头或电话形式向村务监督委员会、街镇经济经营管理站提出质询，也可以通过年中和年底的"村干部直评"向村干部"发问"，相关当事人要及时予以解释或限期答复。

③规范公开时间，解决"不及时"的问题 针对公开不及时的问题，推行月、季、年及时公开，统一设定每月的某日为固定"公开日"，统一同步公开原始凭据和收支明细，使群众定时定点、清楚明白村级财务运行情况。一是一月一报账。不论村规模大小，也不论该月业务量多少，村级财务报账员必须每月向街镇经济经营管理站报一次账，自发票开具时间起超过三个月不报账的，一般不予报销。特殊情况的，需经村"两委"成员、村务监督委员会签字同意后方可报销。二是一月一公开。村级财务公开栏每月公示原始发票内容、村级财务收支流水情况、上月银行账户余额、本月总收入、本月总支出、本月银行账户余额等内容。每三个月汇总收支及结余情况，按季度公开。三是一年一审计。每年年底，街镇经济经营管理站提出财务清理的基本标准和要求，对村里一年来的财务收支情况进行全面清理，并由农业经济经营管理站派审计员抽查验收，将审计情况和本年度的总收入、总支出、本年度决算、下年度预算如实向广大村民公开。

④严格公开程序，解决"不透明"的问题 财务公开的关键是各项程序的规范透明。一是全程监督。将老党员、老书记、老先进等具备一定的财会、管理知识的人员推选为村务监督委员会主任，真正发挥村务监督委员会的作用，严格对村级各项经费收支进行登记、审核、评议、监管，使之真正成为与村"两委"并列的"第三委"。二是规范程序。凡是涉及集体经营性资产、农田水利设施等项目以及村级资产对外承租、出让标的在3万元以

上的，均通过街镇公共资源交易中心委托公开招标和投标。凡涉及村级重大项目、重大财务支出，严格按照"四民工作法"（民主提议、民主决策、民主管理、民主监督），做到村民事前了解提议、村民参与讨论决定、执行情况村民监督。三是严格审批。坚持"村账街（镇）管"制度，做到申报审批"八个不付款"，即没有单据不付款、未经主管领导审批不付款、超越权限不付款、开支不当不付款、用途不明不付款、数量金额不清不付款、单据涂改不付款、没有经过村务监督委员会审核的不付款。

【案例3-7】 永顺县村级事务"报告日"阳光公开

2018年3月9日上午，湖南省湘西土家族苗族自治州永顺县推行村级事务"报告日"制度试点工作会议在高坪乡马鞍村召开。永顺县委副书记，县委常委、组织部部长，县相关部门负责人及首车、西歧、万民等乡镇党委书记参会。

马鞍村村主任、村民议事会和村务监督委员会全体成员、部分党员代表和村民代表聚集在村民委员会会议室，听取村党支部书记就党的建设、工程项目、资产资金、民生事项等村级事务和2018年工作目标的报告。"9万元的办公经费去哪儿了""猕猴桃还没成熟就被外地客商收购了，影响猕猴桃销量和口碑""享受低保要符合哪些要求，有什么政策"，村民纷纷抛出问题提出质疑，要求解答。

村主任当场表态："承诺九月猕猴桃成熟期之前禁止外地客商来收购""今年我们将加快自来水项目申报，一定让1500名村民喝上自来水""办公经费主要是新购置了一批桌椅、文件柜和沙发"。会议还公开了村级财务开支事项，村主任现场"晒票"，将全年财务开支凭证递交给村务监督委员会全体成员当场审核，得到党员、群众好评。"村干部的解答我很满意，参加这次会议也让我清楚了我们的村干部都为百姓做了哪些实事，我们愿意开这样的会。"一位村民在得到答复后，满心欢喜地说。

整个会场融洽和谐，村民现场提问，列出产业发展、基层党建、安全饮水等问题清单。村干部耐心解答，并对有的问题现场作出一定解决的承诺。下一步还将进行面向全体党员、群众公开整改落实情况。

永顺县认真总结马鞍村村级事务"报告日"的做法，并在全县303个村进行全面推广。

评析：通过推行村级事务"报告日"制度，让党员、群众参政议政和主动监督，有效推进了村级事务管理的民主化、公开化和透明化，实现让党建龙头舞起来、基层民主实起来、村务公开亮起来、干群沟通畅起来的目标，真正打通了从严治党的最后一公里，构建了组织振兴引领和保障乡村振兴的新途径。

推行村级事务"报告日"制度，进一步巩固了基层政权，完善了基层民主制度，以乡村组织建设振兴促进乡村振兴战略实施，助推农业农村产业升级、美丽乡村建设开展，谱写新时代乡村振兴新篇章。

（资料来源：新湖南客户端　永顺县村级事务"报告日"阳光公开凝聚民心）

三、农村妇女代表会

根据《妇女联合会农村基层组织工作条例》的规定，农村妇女代表会（以下简称"农村妇代会"）是妇女联合会在农村的基层组织，是党和政府与农村妇女联系的桥梁和纽带，是农村基层政权的重要社会支柱。农村妇代会接受同级党组织和上级妇女联合会的领导。

1. 农村妇代会的任务

（1）宣传贯彻党和政府在农村的方针、政策。教育、引导农村妇女增强自尊、自信、自立、自强精神，成为有理想、有道德、有文化、有纪律的新时代女性。

（2）组织农村妇女参加"双学双比""五好文明家庭""巾帼科技致富工程"和拥军优属等活动。提高农村妇女文化、科技水平，帮助农村妇女增收致富。弘扬社会公德、职业道德和家庭美德。

（3）代表和维护妇女儿童合法权益，反映妇女的意见、建议和要求，代表妇女参与村务决策，发挥民主参与、民主管理、民主监督作用，推进农村基层民主建设。

（4）宣传普及有关妇女儿童的法律和法规知识，抵制封建迷信和陈规陋习。配合有关部门打击拐卖妇女儿童、嫖娼、卖淫、赌博、吸毒等社会丑恶行为，推进依法治村。

（5）普及科学知识、环境保护知识、妇幼卫生保健知识，宣传优生、优育、优教，倡导文明、健康、科学的生活方式。

（6）协助党组织做好培养、推荐妇女入党积极分子和农村后备女干部工作。

（7）因地制宜建立妇女儿童活动阵地和科技示范基地，为妇女儿童提供有效服务。

2. 农村妇代会组织的设置

农村妇代会实行代表联系群众制度。农村妇代会设在行政村、乡镇企业、农林牧渔场和其他经济组织中。根据妇女人数及工作需要，可建立村妇联或其他形式的妇女组织。妇女超过30人，可成立妇代会；不足30人可设妇女小组。

农村妇代会由农村妇女民主选举若干代表组成，代表人数依据行政村的规模和各经济组织中妇女人数多少而定。每10～30人选举1名代表。代表推选主任1人，根据工作需要可推选副主任。妇代会每3年换届1次，换届工作与村民委员会换届同步进行。换届情况报乡镇妇女联合会备案。妇代会主任必须具备的基本条件是政治思想好、有文化、有本领、热心妇女儿童工作。妇代会主任应是村民委员会或村党支部成员。

成立或撤销妇代会组织，须经同级妇女代表大会通过及同级管理部门审核，报乡镇妇女联合会批准。

四、村规民约

1. 村规民约的内容

村规民约的内容主要分为两个方面：一方面是规定村民的行为，应该怎么做；另一方面则是规定村民违反和破坏规章制度的处罚条款，主要有进行教育、给予批评、作出书面检查等内容。

2. 村规民约的性质

村民自治应当"依法而治"。这里的"法"，首先是指国家的宪法、法律、法规，以及国家的政策，而村民自治章程或村规民约，就是村民自己的"小宪法"，是村民共同认可的"公约"，是村民实施村民自治的基本依据。村规民约是村民基于法律的授权，根据当地的实际情况，依照村民集体的意愿，经过民主程序而制定的规章制度。

【案例 3-8】 贵阳市花溪区高坡乡村规民约"限酒令"，约出乡村"新风尚"

"我家仅 2017 年春节期间吃各种名目的酒席就花去了 1 万多元，接下来的 11 个月里又三天两头地吃了数不清的酒，特别是到了年终，真的觉得吃不起了。每到年底，我家基本上都是靠找亲朋好友借钱吃酒。"回忆起以往让人不堪重负的送礼负担，村民杨光福连连摇头。"什么娃娃剃头酒、搬家酒、起房酒、上学酒、立碑酒……最多的时候，一年要吃上 30 多台酒，让人吃不消。最让我无语的是一个村民家的娃娃都已经十几岁了，还回乡来办满月酒。说白点，就是巧立名目收礼金。"杨光福说，"现在好了，2018年一开年，乡里面就组织我们大家坐下来商量，出台了禁止乱办酒席的村规民约，确实是为我们大家办了件大好事。2018年到现在为止，我只吃了台亲戚的喜酒。"

在贵州省贵阳市花溪区的一些农村地区，存在着置办酒席相互攀比、讲排场、比阔气等铺张浪费之风，不但加重了老百姓的经济负担，还扭曲了正常的人际关系。

为有效制止农村"巧立名目乱办、滥办酒席"的不正之风，营造"移风易俗树文明新乡风"的良好社会环境，自2018年1月1日起，花溪区高坡乡率先出台了"规范民间酒席"的"限酒令"，对辖区19个村的村"两委"进行引导、动员，严格禁止干部职工、农村党员违规办酒、吃酒、随礼等行为，采取严格审批程序等措施，狠控大操大办酒席之风。在让党员干部做好移风易俗的推动者、实践者和示范者的同时，还充分发挥村民自治作用，利用各村的红白理事会倡导婚事新办、丧事简办，并通过村民代表大会商讨，一致通过了只允许办结婚、丧事和苗族杀牛祭祖的酒席而其他酒席一律禁办的村规民约。

高坡乡2018年出台禁止乱办酒席的措施后，到目前为止，没有一起违规的。

评价：一纸"限酒村规民约"，不仅"约"出了文明的乡风，更赢得了众多村民的"心"。限酒的村规民约实在是好，为村民减轻了许多负担。没有了人情负担，生活轻松多了。村民真心希望民间禁酒令能一直执行下去。

（资料来源：詹燕 贵阳市花溪区高坡乡村规民约"限酒令"，约出乡村"新风尚"）

3. 村规民约不得随意设定处罚权

村规民约，虽然是村民通过村民会议自主制定的，但这并不意味着村民们愿意怎么制定就怎么制定。"合法性"是对村规民约最基本的要求，这就意味着章程或村规民约不得含有侵犯村民的人身权利、财产权利和民主权利等合法权利的内容。如果村规民约中含有侵犯村民权利的条款，即使已经经过村民会议的多数人同意，在法律上也是无效的。

处罚权的设定，直接影响到村民的人身权和财产权，因此，只能由法定机关依照法定程序来制定。《中华人民共和国立法法》和《中华人民共和国行政处罚法》对行政处罚的设定和执行规定了非常严格的程序。村民会议，并非国家机关，作为村民自治组织，无权擅自设定处罚权。

村民的赌博、打架斗殴等行为如果违反了《治安管理处罚法》，村民委员会可将其送至当地公安机关，由公安机关对其行为依法进行行政处罚。

4.村规民约的核心内容

（1）遵守国家法律、法规、法令，执行国家的各项方针、政策，按时完成上级分配的各项工作任务。

（2）维护妇女、儿童、老人和残疾人的合法权益，严禁虐待妇女、儿童、老人和残疾人，不得遗弃婴儿，不准歧视残疾人，要对老人尽赡养义务，要关心教育好子女，使其从小养成良好的道德品质。

（3）移风易俗，提倡婚事新办，反对铺张浪费和包办婚姻，结婚前要到相关部门办理结婚登记手续。

（4）执行国家计划生育政策，提倡晚婚晚育，少生优生，杜绝重男轻女恶习等。

（5）支持勤劳致富，兴科富农，杜绝偷盗行为。

（6）民事纠纷，先找责任区民事调解员进行调解，不服调解的，由责任区民事调解员汇报村民委员会进行调解。

（7）严禁赌博，教唆引诱青少年参加赌博者，从重处罚。

（8）维护社会治安，人人有责，对可疑人物或有破坏者，要进行盘查，及时报告。

（9）组织村民积极参与社会各类青年志愿者服务活动。

（10）严禁毁林毁草开荒，保护生态环境。若毁坏林木开荒，除退林还耕外，将依照《中华人民共和国森林法》《中华人民共和国矿产资源法》等法律追究责任。

（11）积极送适龄儿童入学，进行九年义务教育，禁止中途辍学。

（12）严禁乱砍滥伐集体林木，构成犯罪的，送交国家司法机关惩处。

（13）积极参加村民会议和其他会议，学习国家的有关法律、法规，了解党的路线、方针和政策，关心国家大事。

（14）讲文明、讲卫生、讲礼貌、讲道德，严禁侵犯他人的人身权利，不准酗酒闹事，加强邻里团结，争当模范村民。

（15）凡是违反《治安管理处罚法》的，都必须严格按照《治安管理处罚法》进行处罚。

（16）本村规民约自通过之日起执行。

【案例3-9】　自治管理，激发振兴动力

2017年4月，重庆市垫江县丰胜农村社区一场人人参与清洁家园的行动开展了起来。通过发挥村民代表和理事会会员作用，全村党员、村民代表走上街头，对农村居民点、庭院、坪落等处的积存垃圾、白色垃圾、建筑垃圾，以及漂浮垃圾等进行了重点清理和整治，得到村民们的一致叫好，不少村民积极主动参与到整治行动中来。

垫江县沙河乡各村（社区）成立了红白理事会，制定了红白理事会章程，公布了理事会成员名单；三溪镇结合支部党日活动集中开展村民议事，道德评议，发放"反对铺张浪费，树立文明新风"宣传单3 000余张，粘贴倡议书200多处⋯⋯

垫江县高安镇辖属村（社区）的邻里之间不会再为一个小矛盾、小纠纷而红脸。由村里 30 余名公道正派、群众威望较高的老党员、老干部担任"谈心和事佬"，村民信服，矛盾都被"小事化了"。

评析：广大基层村民群众实行自我教育和自我管理，也将人民当家作主落实到了社会生活中，广大村民群众成了乡村振兴的真正主体。

（资料来源：赵童，龙搏　村规民约树新风，"三治合一"焕新颜）

五、"一事一议"制度

1. "一事一议"的概念

"一事一议"是指在农村税费改革这项系统工程中，取消了乡统筹和改革村提留后，原由乡统筹和村提留中开支的农田水利基本建设、道路修建、植树造林、农业综合开发有关的土地治理项目和村民认为需要兴办的集体生产生活等其他公益事业项目所需资金，不再固定向农民收取，而是采取"一事一议"的筹集办法。

2. "一事一议"的议事原则

（1）群众自愿原则 召开"一事一议"议事会，一般是发起人在发出通知时就向各农户说明：愿意参与的就到会，不愿参与的不强求，不加任何强制观点。农户知道不参加会议就不会受益，会仔细考虑发起人通知的内容，自己决定取舍。这种会议虽然属于自愿参加，但大多数议事会召开时，被通知的对象会全部参加。

（2）权利、义务一致原则 成功的"一事一议"议事会，参会农户都遵循"谁受益、谁负担"的权利、义务一致原则。这个原则有两层含义：一方面，想受益就必须投工、投资；另一方面，谁不投工、不投资，就不能受益。正是"权利、义务一致"的原则把意见一致的农户凝聚在一起，把持有不同意见的农户排除在外，这是意见很容易统一的重要原因。这个原则也并非使那些当初不同意参会的农户永远不能受益，只要他们同意缴纳议事会确定的投工、投资份额，仍然可以加入受益群体中。

（3）公平负担原则　在义务分摊方面，农户投入一般实行"按受益户均等"或"按受益人均等"分摊。有些地方因条件特殊，议事会上也作出一些有针对性的特殊条款。

3."一事一议"议定事项的特点

（1）用工采用货币决算　"一事一议"中出现的"货币决算"与过去农村摊派义务工中出现的"以资代劳"在形式上虽然相似，都用货币表示人工的价值量，但它们在体现农民的意志方面有本质区别。

（2）小规模格局　"小规模"是指受益范围在村以内的小型建设项目。"一事一议"要遵循群众自愿原则，以群众直接受益为前提，如果规模太大，群众受益不均衡或受益不直接的程度大，就难以形成统一意见。从调查情况看，成功的议事会讨论的议题多数是村以下的小型公益事业建设项目，小规模仍是其基本格局。

（3）工程权属共有　"一事一议"议事会对他们所建工程的权属一般都用这样的表述：建成的工程归投资的农户所有，各户份额均等。这一表述表明：这种财产属于共有财产，但村民对这种财产行使所有权的方式与村民对公共财产行使所有权的方式有三点不同。第一，所有权人有特定的对象，而一般公共财产的所有者没有特定对象，只要村民户口属于这个行政区，哪怕是新搬迁来的农户，都可以享受所有者的权利。第二，所有权人对自己的份额可以转让。如农户搬迁时，可以将自己的份额有偿转让他人。第三，具有排他性，即未投资的农户不能享受权利。但这种财产有一点与公共财产相似，即所占份额不能退出，因为使用中的财产不能分割。

（4）议定事项只具有一定的约束性　"一事一议"议定的事项也具有一定的约束性，但这种约束性不同于行政决定的约束性。它是在群众自愿的基础上产生的，主要靠受益群众互相信任、互相监督和限制受益来实现，不带惩罚性。而行政决定由于形成的机制不同，一般须采用行政、经济等一系列手段来维持正常实施，有些还带有一定的惩罚性。

（5）议事内容广泛　"一事一议"议定的事项不只是投工问题，它所涉及的事项包括建设项目的各个方面。成功的"一事一议"议事会所讨论的内容通常包括投工、投资、占地、原材料、工程负责人人选和建设管理等。但这种广泛性与行政决定的广泛性不同，它只限于基本建设项目所涉及的事项，而行政决定包括权限范围内所有的政治、经济与社会事务。

4."一事一议"项目的议事程序

根据2012年出台的《规范村民一事一议筹资筹劳操作程序的意见》的要求，项目的议事程序如下。

（1）筹资筹劳的议事范围为建制村（以村民小组或者自然村为单位议事的，参照本意见的有关规定执行）。筹资筹劳项目方案可由村民委员会提出，也可由1/10以上的村民或者1/3以上的村民代表提出；筹资筹劳项目方案的主要内容包括项目的内容、预算、资金劳务筹集对象和方式、项目建设管理及建成后的管护方式等。

（2）村民委员会将筹资筹劳项目方案进行公示，公示期不少于7天。公示的主要内容包括：项目的建设范围、标准及预算情况；项目所需资金和劳务的筹集计划，筹资筹劳减免对象、数额和程序；项目建设管理、资金劳务管理和项目监督的人员组成及相关管理规定；项目实施计划和项目建成后的管护方式。

（3）村民委员会组织村民代表对筹资筹劳项目方案进行评议，重大项目可邀请相关部门进行可行性评估，按照评议评估意见对筹资筹劳项目方案进行修改完善。

（4）村民委员会召开村民会议或者村民代表会议对筹资筹劳项目方案进行讨论表决。提交村民代表会议审议和表决的事项，会前应当由村民代表逐户征求所代表农户的意见并经农户签字认可；筹资筹劳项目方案应当经到会人员的过半数通过，村民代表会议表决时按一户一票进行，应当经到会村民代表所代表的户过半数通过；表决后形成的筹资筹劳项目方案，由参加会议的村民或者村民代表签字。

5. "一事一议" 项目的方案审核

根据《规范村民一事一议筹资筹劳操作程序的意见》的要求，"一事一议" 项目的方案审核如下。

（1）村民委员会向乡镇人民政府提交筹资筹劳建设项目申报材料，申报材料包括筹资筹劳项目方案申报表、村民会议或者村民代表会议记录以及村民或者村民代表签字记录等。

（2）乡镇人民政府重点对项目是否符合筹资筹劳适用范围、方案是否履行村民民主议事程序、筹资筹劳的数额是否在省级人民政府规定的限额标准内、财政奖补项目是否符合立项要求等进行初审。乡镇人民政府初审应对筹资筹劳项目进行实地考察，了解会议召开和表决情况是否真实、向农民筹劳是否按项目建设实际需要、捐资捐物是否自愿。乡镇人民政府初审同意后签署意见，报县级人民政府农民负担监督管理部门复审。

（3）县级人民政府农民负担监督管理部门应对项目方案是否符合政策规定严格复审，对符合筹资筹劳政策规定的项目应在收到方案的 7 个工作日内作出书面答复，对不符合筹资筹劳政策规定的项目应及时提出纠正意见。

（4）经县级人民政府农民负担监督管理部门复审同意的筹资筹劳项目，村民委员会可申请财政奖补。

6. "一事一议" 项目的资金劳务筹集

根据《规范村民一事一议筹资筹劳操作程序的意见》的规定，"一事一议" 项目的资金劳务筹集如下。

（1）乡镇人民政府对经审核的筹资筹劳事项、标准、数额在农民负担监督卡上进行登记。村民委员会将农民负担监督卡分发到农户，并张榜公布筹资筹劳事项、标准、数额。

（2）村民委员会按照筹资筹劳项目方案向村民筹集资金和安排出劳时，需向出资人和出劳人开具筹资筹劳专用凭证。对无正当理由不承担筹资筹劳的村民，村民委员会应当说服教育，也可以按照村民会议通过的符合法律法规的村民自治章程、村规民约进行处理。严禁突破限额标准筹资筹劳，不得用惠农补贴资金抵扣或者采取其他非法方式强行筹资筹劳。

（3）村民自愿以资代劳的，要由本人或者家属向村民委员会提出书面申请，不得强行要求村民以资代劳，防止用自愿以资代劳名义变相向农民筹资。

（4）村民、其他个人和单位对筹资筹劳项目捐资捐物，要严格坚持自愿原则，不得摊派或者规定捐资捐物数量。

7. 筹资筹劳的范围与对象

（1）**筹资筹劳的范围**　村内农田水利基本建设、道路修建、植树造林、农业综合开发有关的土地治理项目和村民认为需要兴办的集体生产生活等其他公益事业项目。

对符合当地农田水利建设规划，政府给予补贴资金支持的相邻村共同直接受益的小型农田水利设施项目，先以村级为基础议事，涉及的村所有议事通过后，报经县级人民政府农民负担监督管理部门审核同意，可纳入筹资筹劳的范围。

属于明确规定由各级财政支出的项目，以及偿还债务、企业亏损、村务管理等所需费用和劳务，不得列入筹资筹劳的范围。

筹资筹劳的议事范围为建制村。

（2）**筹资筹劳的对象**　筹资的对象为本村户籍在册人口或者所议事项受益人口。筹劳的对象为本村户籍在册人口或者所议事项受益人口中的劳动力。

五保户、现役军人不承担筹资筹劳任务；退出现役的伤残军人、在校就读的学生、孕妇或者分娩未满一年的妇女不承担筹劳任务。

属于下列情况之一的，由当事人提出申请，经符合规定的民主程序讨论通过，给予减免：①家庭确有困难，不能承担或者不能完全承担筹资任务的农户可以申请减免筹资；②因病、伤残或者其他原因不能承担或者不能完全承担劳务的村民可以申请减免筹劳。

【案例 3-10】 瓯海区的财政奖补措施

浙江省温州市瓯海区 2016 年积极推进支农资金整合，每年整合水利资金 500 万元用于"一事一议"奖补项目，有效提高了资金的使用效益。省、区两级财政投入"一事一议"奖补资金 10 710 万元，其中省财政安排奖补资金 4 837 万元，财政奖补资金共带动村级公益事业总投入 6 087 万元，全区 103 个经济薄弱村全部实现脱贫。完成村级公益事业项目 37 个，修建村内道路 44.26 千米，水利渠道修复 16.86 千米，受益村庄 37 个，受益人口 5 万人，修建村内公共活动场所 3 371 平方米，小型水利设施 1 个，桥涵 7 座。2016 年度农村常住居民人均可支配收入 28 062 元，比上年增长了 8.2%。

评析：构建"政府资金引导、农民筹资筹劳、社会捐赠赞助"的村级公益事业建设新机制，建立健全"财政适当补助、农民积极参与、社会力量支持"的村级公益事业多元化建设投入新机制，提高农民村居水平，大大改善了农民生产生活条件。

（资料来源：张闻哲，王斌　美丽乡村建设花开瓯海，乡村振兴发展成果共享）

第四篇

乡村振兴之乡村法治

一、社会主义法治建设基本知识

【案例 4-1】 十字镇大力加强美丽乡村民主法治建设

安徽省全椒县十字镇自 2017 年以来，积极推行十字社区"法治文化园"、华林新村"法治广场"等开放型普法模式，巧妙借助法治宣传标语、法治主题漫画、法治花草牌、法治挂旗等载体，因地制宜增加法律法规、法治案例、法治名言等元素，将各村（社区）原有的文化园改造升级，衍变为普法宣传新阵地，并凭借其固定性和长久性的优势引导干部群众形成浓厚的尊法氛围，助力基层法治建设发展进程。

为解决基层普法工作的薄弱环节，十字镇立足各村（社区）农家书屋的现有资源，不断补充法治书籍，同时积极组织司法所干警、法律服务工作者、司法行政管理员以及调解主任等轮流担任教员定期开展"法律讲堂"活动，切实丰富群众知识储备，提升群众法治水平，逐步开阔群众的法治视野。全镇 11 个农家书屋在成立法律讲堂的基础上还配备了涉及宪法、刑法、民法、合同法和婚姻法等方面的书籍供群众参阅。

积极推进"一村一名法律顾问"工作，实现全镇 11 个村（社区）法律顾问全覆盖，变送法"进"社区为法律"驻"社区。专业律师或基层法律服务工作者积极深入乡村，全方位、多角度开展法律宣传活动，通过以案说法、以群众身边人身边事讲法说法等方式普及群众日常生活涉及的法律知识，增强干部群众的法律意识，为基层民主法治创建增添一份平安和谐。

评析： 安徽省全椒县十字镇紧扣党委、政府中心工作和农村群众生产生活实际，着力耕好普法责任田，通过丰富普法载体，提升宣传时效，为美丽乡村建设营造了全民学法、尊法、守法、用法的浓厚氛围。依托法治阵地，让群众尊法有氛围；依托法治书屋，让群众守法有导向；依托法律顾问，让群众用法有依据。

（资料来源：童蔓菁　十字镇大力加强美丽乡村民主法治建设）

1. 社会主义法治理念的基本内涵

社会主义法治理念的基本内涵包括依法治国、执法为民、公平正义、服务大局、党的领导五个方面。

（1）依法治国，是社会主义法治的核心内容，是我们党领导人民治理国家的基本方略。只有坚持依法治国，才能使广大人民群众在党的领导下依照宪法和法律规定，通过各种途径和形式管理国家事务，管理经济文化事业，管理社会事务，才能保证国家各项工作都依法进行，才能逐步实现社会主义民主政治的制度化、规范化、程序化。

（2）执法为民，是社会主义法治的本质要求，是我们党全心全意为人民服务的根本宗旨和立党为公、执政为民的执政理念在政法工作上的体现。人民是国家的主人，一切权力来源于人民，这不仅是我国宪法确立的基本原则，也是我们党一贯倡导的立党为公、执政为民的思想源头。为人民服务、对人民负责是执法的根本目的和要求。做好执法工作，必须相信人民，依靠人民，尊重人民，真心实意地接受人民群众的监督，牢固树立"公正执法、一心为民"的宗旨，始终不渝地把实现人民当家作主、维护最广大人民的根本利益作为永恒的价值追求，把人民利益放在第一位，把人民满意不满意、拥护不拥护、赞成不赞成作为检验工作的根本标准。

（3）公平正义，是社会主义法治的价值追求。法治有两项最基本的要求：第一是要有制定得良好的法律，第二是这种法律得到普遍的服从。所谓"良好的法律",就是体现社会公平和正义的法律。所谓"普遍的服从",就是法律的实体正义和程序正义都得到全面的实现。公平正义,就是社会各方面的利益关系得到妥善协调,人民内部矛盾和其他社会矛盾得到正确处理,社会公平和正义得到切实维护和实现。公平正义是人类社会文明进步的重要标志,是社会主义和谐社会的关键环节。只有坚持公平正义,做到合法合理、平等对待、及时有效,才能实现公正执法,才能真正维护人民群众的合法权益,促进社会和谐。

（4）服务大局,是社会主义法治的重要使命。法治作为国家治理方式,必须服务于国家的根本任务。社会主义法治的重要使命就是保障和服务建设富强民主文明和谐美丽的社会主义现代化强国这一根本目标。要树立大局观念,坚持执法工作自觉服从服务于党和国家的工作大局和社会主义经济建设,必须把打击刑事犯罪、惩治贪污腐败、调停民事纠纷、稳定社会秩序等各项具体工作,纳入党和国家整体工作部署来通盘考虑。只有这样,政法工作才能把握正确的政治方向,掌握工作的主动权;才能与党的中心工作同步进行,与时俱进;才能顺党心、合民意,最大限度地发挥职能作用。

（5）党的领导,是社会主义法治的根本保证。中国共产党是中国特色社会主义事业的领导核心。在我国,中国共产党是执政党,党的方针、政策集中反映了党的基本政治主张,蕴涵着先进的社会主义法治理念和深刻的政治内涵,是制定法律的根据,是执行法律的灵魂。要全面理解和准确把握党的路线、方针、政策的精神实质,自觉地把执行党和国家的政策与执行法律统一起来,既要防止用政策代替法律,又要坚持以党和国家的一系列重要政策、策略为指导,坚定不移地依靠和接受党的领导和监督。要坚持把党的领导与严格依法办事,把执行法律与执行党的政策有机结合起来。

2. 法治是健全乡村治理体系的应有之义

乡村治理中的村民自治，是法治基础上的自治。自治需要通过法治加以规范与保障。

《宪法》规定，村民委员会是基层群众性自治组织，为乡村治理实行村民自治提供了基本法依据，搭建了组织平台，畅通了实践路径。

《村民委员会组织法》规定，村民委员会是村民自我管理、自我教育、自我服务的基层群众性自治组织，实行民主选举、民主决策、民主管理、民主监督，为村民自治的运行提供了顶层设计和方向指引；村民委员会主要办理本村的公共事务和公益事业、调解民间纠纷、协助维护社会治安等，依法界定了其职责范围，这实际上也是乡村治理的主要内容；地方各级人民代表大会和县级以上地方各级人民代表大会常务委员会应保障村民依法行使自治权利，为健全以自治为核心的乡村治理体系提供了法律依据和法治保障。

村民依法行使自治权本身，同样也是法治在该领域的体现。自治依法而行，自治即为法治。因此法治是健全乡村治理的应有之义。

在乡村治理中实现法治，需要依法赋予并保障村民自治权限，划定村民自治的政策法律边界；需要规范自治组织的行为，使之不越权，不缺位；需要依法、合理构建村民有序参与的各项机制，充分保障村民知情权、参与权、表达权、监督权等各项自治权利的行使，在选举、协商、决策、管理、监督等各个环节将其民主权利落实到位；需要建章立制，以法治方式统筹力量、平衡利益、调节关系、规范行为，推进信息公开、协商公开、决策公开、执行公开、管理公开、服务公开、结果公开，打造透明自治机制运行体系；需要完善监督制约体系，保证权力的正确行使。

【案例4-2】 从余村之变看民主法治村创建的创新

2016年5月，浙江省湖州市委市政府选择安吉县试点启动民主法治建设地方标准的制定工作。2005年8月15日，时任浙江省委书记的习近平到安吉县余村调研，首次提出"绿水青山就是金山银山"的科学论断。

余村十多年来的实践也成为模范和样板，很多先进的做法成为标准制定的样本。自建村以来，余村没有一名村干部违纪。不但干部零违纪，而且村民零上访、犯罪率零增长。

余村之变，在于民主法治建设上的不断创新。

一是公开透明。想知道村里的每一分钱花在哪儿了，在余村再容易不过，只要坐在家里，打开电视再动动遥控器，村里财务的每张发票都能看到，连谁签的字都一清二楚。在余村，村民可通过电视查看到村财务的票据，村里财务每月一公开。

二是平安治理。在余村的村社会治理综合指挥室的一块醒目的电子大屏幕上，全村的情况通过监控都可以看得一清二楚，遇到矛盾、情况，立马就会有人赶去处理。

三是互帮互助。有不明白的法律问题想要找人请教，在余村不用出村就有专业的法律人士来帮忙。村子里专门请了法律顾问，已经为村民服务了16年。

2017年1月，安吉县发布了全国首个民主法治村创建县级地方标准《美丽乡村民主法治建设规范》。

评析：浙江省湖州市委市政府将以余村为代表的民主法治村创建经验、成果进行标准转化和推广，探索民主法治村创建的"湖州模式"。

（资料来源：杨一凡 湖州发布全国首个市级《美丽乡村民主法治建设规范》）

二、《中华人民共和国农民专业合作社法》的修订

2017 年 12 月 27 日，十二届全国人大常委会通过了新修订的《中华人民共和国农民专业合作社法》（以下简称《农民专业合作社法》），并自 2018 年 7 月 1 日起施行。这些修改极大地保护了农民专业合作社及其成员的权利。

1. 合作社主体地位

《农民专业合作社法》规定，国家保障农民专业合作社享有与其他市场主体平等的法律地位。这一点极大地保护了农民专业合作社及其成员的权利，做到有法可依。例如，法律规定"农民专业合作社可以依法向公司等企业投资"，这正是一般企业市场特征的体现，是保障农民专业合作社享有与其他市场主体平等的重要体现。

2. 出资形式

《农民专业合作社法》规定："农民专业合作社成员可以用土地经营权、林权等可以用货币估价并可以依法转让的非货币财产出资。"也就是说，只要符合章程规定、全体成员认可、符合法律和行政法规规定的都可以。这点明确了成员可以用土地经营权等财产作价出资，体现了出资的多样性，进一步强化了对农民专业合作社及其成员的权益保护措施，增加了对农民专业合作社的扶持措施，有利于提高农户投资的积极性。

3.成员除名

《农民专业合作社法》对成员新入社和除名、盈余分配，以及法律责任等内容的有关条款作了修改和完善，还对成员除名程序予以完善，规定"农民专业合作社成员不遵守农民专业合作社的章程、成员大会或者成员代表大会的决议，或者严重危害成员及农民专业合作社利益的，可以予以除名"。

4.农民专业合作社联合社

农民专业合作社按照自愿、平等、互利的原则设立联合社，是世界各国合作社发展的普遍做法。目前我国已经有农民专业合作社联合社 7 200 多家，涵盖农民专业合作社 9.4 万多个，带动农户超过 560 万户。

《农民专业合作社法》增加了"农民专业合作社联合社"章节，规定农民专业合作社联合社理事长、理事应当由成员社选派的人员担任；明确农民专业合作社联合社的成员大会选举和表决，实行一社一票。这有利于规范农民专业合作社的组织和行为，为完善农民专业合作社的法律制度，进一步鼓励、支持、引导农民专业合作社的发展提供了条件。

5.扩大业务范围

为适应各种类型的农民专业合作社并行发展，专业化基础上向综合化方向发展的趋势，以及农民对各类合作社提供服务的需求日益多元化，不局限于同类农产品或者同类农业生产经营服务的范围，《农民专业合作社法》取消了有关"同类"农产品或者"同类"农业生产经营服务中的"同类"的限制，扩大了法律的调整范围，同时以列举的方式明确农民专业合作社经营和服务的业务范围。

6.进一步规范农民专业合作社的组织和行为

《农民专业合作社法》在规范农民专业合作社的组织和行为方面作了一些补充和完善，如明确规定农民专业合作社连续两年未从事经营活动的，吊销其营业执照；农民专业合作社应当按照国家有关规定，向登记机关报送年度报告，并向社会公示。另外，对法律责任等有关内容也作了补充和完善。

三、仲裁解决农村土地承包
经营纠纷

1. 设立农村土地承包仲裁委员会

根据《中华人民共和国农村土地承包经营纠纷调解仲裁法》（以下简称《农村土地承包经营纠纷调解仲裁法》）的规定：农村土地承包仲裁委员会，根据解决农村土地承包经营纠纷的实际需要设立。农村土地承包仲裁委员会可以在县和不设区的市设立，也可以在设区的市或者其市辖区设立。

农村土地承包仲裁委员会在当地人民政府指导下设立。设立农村土地承包仲裁委员会的，其日常工作由当地农村土地承包管理部门承担。

2. 农村土地承包仲裁委员会组成人员

根据《农村土地承包经营纠纷调解仲裁法》的规定：农村土地承包仲裁委员会由当地人民政府及其有关部门代表、有关人民团体代表、农村集体经济组织代表、农民代表和法律、经济等相关专业人员兼任组成，其中农民代表和法律、经济等相关专业人员不得少于组成人员的二分之一。

农村土地承包仲裁委员会设主任一人、副主任一至二人和委员若干人。主任、副主任由全体组成人员选举产生。

3. 农村土地承包仲裁委员会职责

农村土地承包仲裁委员会依法履行以下职责：聘任、解聘仲裁员；受理仲裁申请；监督仲裁活动。

农村土地承包仲裁委员会应当依照《农村土地承包经营纠纷调解仲裁法》制定章程，对其组成人员的产生方式及任期、议事规则等作出规定。

4. 仲裁员的条件

农村土地承包仲裁委员会应当从公道正派的人员中聘任仲裁员。仲裁员应当符合下列条件之一：①从事农村土地承包管理工作满五年；②从事法律工作或者人民调解工作满五年；③在当地威信较高，并熟悉农村土地承包法律以及国家政策的居民。

5. 农村土地承包仲裁申请及程序

（1）申请仲裁的时效　农村土地承包经营纠纷申请仲裁的时效期间为两年，自当事人知道或者应当知道其权利被侵害之日起计算。

（2）仲裁参与人　农村土地承包经营纠纷仲裁的申请人、被申请人为当事人。家庭承包的，可以由农户代表人参加仲裁。当事人一方人数众多的，可以推选代表人参加仲裁。与案件处理结果有利害关系的，可以申请作为第三人参加仲裁，或者由农村土地承包仲裁委员会通知其参加仲裁。当事人、第三人可以委托代理人参加仲裁。

（3）申请仲裁应当具备的条件　申请农村土地承包经营纠纷仲裁应当符合下列条件：申请人与纠纷有直接的利害关系；有明确的被申请人；有具体的仲裁请求和事实、理由；属于农村土地承包仲裁委员会的受理范围。

（4）仲裁申请程序　当事人申请仲裁，应当向纠纷涉及的土地所在地的农村土地承包仲裁委员会递交仲裁申请书。仲裁申请书可以邮寄或者委托他人代交。仲裁申请书应当载明申请人和被申请人的基本情况，仲裁请求和所根据的事实、理由，并提供相应的证据和证据来源。

书面申请确有困难的，可以口头申请，由农村土地承包仲裁委员会记入笔录，经申请人核实后由其签名、盖章或者按指印。

（5）仲裁申请处理程序　农村土地承包仲裁委员会决定受理的，应当自收到仲裁申请之日起五个工作日内，将受理通知书、仲裁规则和仲裁员名册送达申请人；决定不予受理或者终止仲裁程序的，应当自收到仲裁申请或者发现终止仲裁程序情形之日起五个工作日内书面通知申请人，并说明理由。

6. 仲裁答辩

农村土地承包仲裁委员会应当自受理仲裁申请之日起五个工作日内，将受理通知书、仲裁申请书副本、仲裁规则和仲裁员名册送达被申请人。被申请人应当自收到仲裁申请书副本之日起十日内向农村土地承包仲裁委员会提交答辩书；书面答辩确有困难的，可以口头答辩，由农村土地承包仲裁委员会记入笔录，经被申请人核实后由其签名、盖章或者按指印。

7. 仲裁庭的组成

仲裁庭由三名仲裁员组成，首席仲裁员由当事人共同选定，其他两名仲裁员由当事人各自选定；当事人不能选定的，由农村土地承包仲裁委员会主任指定。事实清楚、权利义务关系明确、争议不大的农村土地承包经营纠纷，经双方当事人同意，可以由一名仲裁员仲裁。仲裁员由当事人共同选定或者由农村土地承包仲裁委员会主任指定。农村土地承包仲裁委员会应当自仲裁庭组成之日起两个工作日内将仲裁庭组成情况通知当事人。

8. 仲裁员应当回避的情形

仲裁员有下列情形之一的，必须回避，当事人也有权以口头或者书面方式申请其回避：①本案当事人或者当事人、代理人的近亲属；②与本案有利害关系；③与本案当事人、代理人有其他关系，可能影响公正仲裁；④私自会见当事人、代理人，或者接受当事人、代理人的请客送礼。当事人提出回避申请，应当说明理由，在首次开庭前提出。回避事由在首次开庭后知道的，可以在最后一次开庭终结前提出。

农村土地承包仲裁委员会对回避申请应当及时作出决定，以口头或者书面方式通知当事人，并说明理由。仲裁员是否回避，由农村土地承包仲裁委员会主任决定；农村土地承包仲裁委员会主任担任仲裁员时，由农村土地承包仲裁委员会集体决定。仲裁员因回避或者其他原因不能履行职责的，应当依照《农村土地承包经营纠纷调解仲裁法》规定重新选定或者指定仲裁员。

9. 审理期限

由于农村土地承包季节性强，规定恰当的审理期限有利于纠纷的解决，便于尽快恢复农业生产活动。仲裁农村土地承包经营纠纷，应当自受理仲裁申请之日起六十日内结束；案情复杂需要延长的，经农村土地承包仲裁委员会主任批准可以延长，并书面通知当事人，但延长期限不得超过三十日。

10. 仲裁裁决效力及调解书和裁决书的履行

当事人不服仲裁裁决的，可以自收到裁决书之日起三十日内向人民法院起诉。逾期不起诉的，裁决书即发生法律效力。

为了使生效的调解书、裁决书得到落实，需要由人民法院的执行力作为保证。当事人对发生法律效力的调解书、裁决书，应当依照规定的期限履行。一方当事人逾期不履行的，另一方当事人可以向被申请人住所地或者财产所在地的基层人民法院申请执行。受理申请的人民法院应当依法执行。

四、信访管理与民间纠纷调解

1.农村信访既是公民维权的手段，又是监督政府的方式

国家建立信访制度是为了保持各级人民政府同人民群众的密切联系，保护信访人的合法权益，维护信访秩序。

《信访条例》规定：信访是指公民、法人或者其他组织采用书信、电子邮件、传真、电话、走访等形式，向各级人民政府、县级以上人民政府工作部门反映情况，提出建议、意见或者投诉请求，依法由有关行政机关处理的活动。

县级以上人民政府应当设立信访工作机构；县级以上人民政府工作部门及乡、镇人民政府应当按照有利工作、方便信访人的原则，确定负责信访工作的机构（以下简称"信访工作机构"）或者人员，具体负责信访工作。

2.信访工作机构的职责

县级以上人民政府信访工作机构是本级人民政府负责信访工作的行政机构，履行下列职责：①受理、交办、转送信访人提出的信访事项。②承办上级和本级人民政府交由处理的信访事项。③协调处理重要信访事项。④督促检查信访事项的处理。⑤研究、分析信访情况，开展调查研究，及时向本级人民政府提出完善政策和改进工作的建议。⑥对本级人民政府其他工作部门和下级人民政府信访工作机构的信访工作进行指导。

3. 信访人的主要权利

信访人是指采用书信、电子邮件、传真、电话、走访等形式，反映情况，提出建议、意见或者投诉请求的公民、法人或者其他组织。信访权利是法律赋予公民在信访活动中可以从事某些活动的自由和资格。

信访人的主要权利有：①依法反映情况，提出建议、意见或者投诉请求的权利。②依法信访不受打击报复的权利。③就行政机关的行政行为及其工作人员的职务行为提出信访事项的权利。④查询信访事项办理情况的权利。⑤就信访事项受理、办理情况得到书面答复的权利。⑥要求对办理信访事项有直接利害关系的工作人员回避的权利。⑦检举、揭发材料及有关材料不被透露或者转给被检举、揭发的人员或者单位的权利。⑧反映的情况，提出的建议、意见，对国民经济和社会发展或者对改进国家机关工作以及保护社会公共利益有贡献的，得到奖励的权利。⑨事实清楚、法律依据充分的投诉请求得到支持的权利。⑩对信访事项处理不服，要求复查、复核的权利。

4. 信访人不得具有的行为

信访人在信访过程中应当遵守法律、法规，不得损害国家、社会、集体的利益和其他公民的合法权利，自觉维护社会公共秩序和信访秩序，不得有下列行为：①在国家机关办公场所周围、公共场所非法聚集，围堵、冲击国家机关，拦截公务车辆，或者堵塞、阻断交通的。②携带危险物品、管制器具的。③侮辱、殴打、威胁国家机关工作人员，或者非法限制他人人身自由的。④在信访接待场所滞留、滋事，或者将生活不能自理的人弃留在信访接待场所的。⑤煽动、串联、胁迫、以财物诱使、幕后操纵他人信访或者以信访为名借机敛财的。⑥扰乱公共秩序、妨害国家和公共安全的其他行为。

5. 农村信访的具体受理机关

农村信访主要集中在农村土地纠纷、财务问题、农民负担、村民委员会和基层干部违法违纪以及普通涉法涉诉等问题。

（1）涉及超生、早育，计划生育中违法乱纪，结扎后遗症等，乡（镇）或街道计划生育办公室有权处理，问题较严重的，可以直接由县（市、区）计划生育局（委）处理。

（2）涉及公办、民办教师问题，学籍处理，招生，大专毕业生分配等问题，由县（市、区）教育局以及教育局下属的招生办公室负责。

（3）涉及军烈属、残疾军人、复退军人要求优抚安置、补发证件，要求解决生活困难等问题，由县（市、区）民政局处理。

（4）涉及农村经济和土地调整等农村政策问题，由县（市、区）农委解决。

（5）关于征占地补偿问题，由县（市、区）土地局负责。

（6）涉及劳保工资、劳动福利、工伤争议、劳动就业等问题，由县（市、区）劳动和社会保障局负责。

（7）涉及水利纠纷，由问题发生地的县（市、区）水利局处理。

（8）涉及水库移民安置等问题，由当地建委下设的移民办负责。

（9）涉及拆迁、城镇建设、环境污染问题，由县（市、区）城建环保局处理。

（10）涉及医疗事故问题，县（市、区）卫生局或事故发生地卫生局有处理权。

（11）涉及盲聋哑人、残疾人员就业安置问题，由县（市、区）残联负责。

（12）涉及城镇房屋管理和私房改造等纠纷，县（市、区）房地产管理局有权处理。

（13）反映问题涉及几个部门，或者问题不好归口、无口可归，以及重大疑难问题，信访人可以直接向县（市、区）信访办投诉要求解决。

6. 人民调解

农村村民之间的民事纠纷主要集中在家庭、房屋和经济往来方面，一般人追求的是"大事化小，小事化了"，不愿意把事情闹大，不愿意打官司。纠纷解决的方式多种多样，有自行和解、主动放弃争执、由村里有威望的人或者村民委员会从中调解和民事诉讼等方式。

人民调解是指在人民调解委员会的主持下，以国家的法律、法规、规章、政策和社会公德为依据，对民间纠纷当事人进行说服教育、规劝疏导，促使纠纷各方当事人互谅互让、平等协商、自愿达成协议，消除纷争的一种活动。

7. 人民调解委员会的地位和任务

人民调解委员会是基层人民群众的自治性组织，而不是国家机关。人民调解委员会调解民间纠纷不收费。

人民调解委员会的任务是调解民间纠纷，包括发生在公民与公民之间、公民与法人和其他社会组织之间涉及民事权利义务争议的各种纠纷；通过调解工作宣传法律、法规、规章和政策，教育公民遵纪守法，尊重社会公德，预防民间纠纷发生。

人民调解工作原则包括：双方当事人平等自愿原则，人民调解委员会依法调解原则，不限制当事人诉讼权利原则。

8. 纠纷当事人的权利和义务

在人民调解活动中，纠纷当事人享有下列权利：自主决定接受、不接受或者终止调解。要求有关调解人员回避。不受压制强迫，表达真实意愿，提出合理要求。自愿达成调解协议。

在人民调解活动中，纠纷当事人承担下列义务：如实陈述纠纷事实，不得提供虚假证明材料。遵守调解规则。不得加剧纠纷、激化矛盾。自觉履行人民调解协议。

9. 调解机构的设置

村民委员会的人民调解委员会根据需要，可以以自然村等为单位，设立调解小组，聘任调解员。乡镇人民调解委员会委员由下列人员担任：本乡镇辖区内设立的村民委员会的人民调解委员会主任；本乡镇的司法助理员；在本乡镇辖区内居住的懂法律、有专长、热心人民调解工作的社会志愿人员。村民委员会的人民调解委员会调解不了的疑难、复杂民间纠纷和跨地区的民间纠纷，由乡镇人民调解委员会受理调解，或者由相关的人民调解委员会共同调解。

群众甘苦无小事。许多事情表面上看是鸡毛蒜皮的小事，但若处理不好，就可能由民事纠纷转化成刑事案件，酿成滔天大祸。农村工作者应该把群众的"小事"放在心上，用智慧、热情和春天般的话语化解农村百姓的纠纷。农村工作者除自己参与调解工作外，还可以依靠村里的老党员、老干部、学法积极分子组成志愿调解员队伍，开展矛盾纠纷排查、调解工作，把矛盾纠纷消除在萌芽状态；实在解决不了的，也应耐心引导村民通过合法途径去解决，有效防止矛盾升级。此外，把调解矛盾纠纷的责任落实到村民小组内部，可以真正做到抓早、抓小、抓苗头和"小事不出组，大事不出村"。

五、农村婚姻家庭法律知识

【案例4-3】 在遭遇家庭暴力时，依法保护自身权益

王某（男）与李某（女）经过5年自由恋爱，于2017年6月8日登记结婚，婚后感情较好。因王某思想比较狭隘，婚后不久就限制李某的社交活动，引起李某强烈不满，双方矛盾不断。2017年9月6日，李某要参加高中同学聚会，王某担心李某与其高中时的恋人旧情复燃，坚决反对李某参加，争吵中王某一拳将李某打倒在地。从此以后，王某开始频繁地对李某施暴。李某无奈之下请求村民委员会劝阻，但没有效果。2018年10月，王某又因生活琐事对李某动手，李某立即打电话向派出所求助。

评析：《中华人民共和国婚姻法》（以下简称《婚姻法》）第43条规定："实施家庭暴力或虐待家庭成员，受害人有权提出请求，居民委员会、村民委员会以及所在单位应当予以劝阻、调解。对正在实施的家庭暴力，受害人有权提出请求，居民委员会、村民委员会应当予以劝阻；公安机关应当予以制止。实施家庭暴力或虐待家庭成员，受害人提出请求的，公安机关应当依照治安管理处罚的法律规定予以行政处罚。"

本案中，李某在遭到王某暴力行为时，立即打电话向派出所求助。公安机关接到李某要求其制止正在实施的家族暴力行为时，应当履行救助职责，对王某处以5日以下的拘留。

根据《中华人民共和国反家庭暴力法》（以下简称《反家庭暴力法》）的规定，李某选择了向所在地人民法院申请人身保护令，人民法院受理申请后，在李某提出申请后的第三天作出人身安全保护令。

1.《婚姻法》的基本原则

（1）婚姻自由原则。

（2）一夫一妻原则。

（3）男女平等原则。

（4）保护妇女、儿童和老人的合法权益的原则。

（5）实行计划生育的原则。

2.《婚姻法》的"六个禁止"

（1）禁止包办、买卖婚姻和其他干涉婚姻自由的行为。

（2）禁止借婚姻索取财物。

（3）禁止重婚。

（4）禁止有配偶者与他人同居。

（5）禁止家庭暴力。

（6）禁止家庭成员间的虐待和遗弃。

3.结婚必须具备的条件

（1）结婚必须男女双方完全自愿，不许任何一方对他方加以强迫或任何第三者加以干涉。

（2）结婚年龄，男不得早于二十二周岁，女不得早于二十周岁。晚婚晚育应予以鼓励。

（3）要求结婚的男女双方必须亲自到婚姻登记处进行结婚登记。

有下列情形之一的，禁止结婚：直系血亲和三代以内的旁系血亲；患有医学上认为不应当结婚的疾病。

4.办理结婚登记

男女双方应当共同到一方当事人户口所在地的婚姻登记机关办理结婚登记。办理结婚登记的，应当提交男女双方的户口簿、身份证。

婚姻登记机关对当事人符合结婚条件的，应当当场予以登记，发给结婚证。取得结婚证即确立夫妻关系。

5. 夫妻共同所有的财产

夫妻在婚姻关系存续期间所得的下列财产，归夫妻共同所有：①工资、奖金。②生产、经营的收益。③知识产权的收益。④继承或赠与所得的财产，但遗嘱或赠与合同中确定只归夫或妻一方的财产除外。⑤一方以个人财产投资取得的收益。⑥男女双方实际取得或者应当取得的住房补贴、住房公积金。⑦男女双方实际取得或者应当取得的养老保险金、破产安置补偿费。⑧其他应当归共同所有的财产。夫妻对共同所有的财产，有平等的处理权。

6. 夫妻一方的财产

有下列情况之一的，为夫妻一方的财产：①一方的婚前财产。②一方因身体受到伤害获得的医疗费、残疾人生活补助费等费用。③遗嘱或赠与合同中确定只归夫或妻一方的财产。④一方专用的生活用品。⑤其他应当归一方的财产。

7. 夫妻约定财产制

夫妻可以约定婚姻关系存续期间所得的财产以及婚前财产归各自所有、共同所有或部分各自所有、部分共同所有。约定应当采用书面形式。没有约定或约定不明确的，适用夫妻法定财产制的规定。

8. 解除婚姻关系

（1）内地居民自愿离婚的，男女双方应当共同到一方当事人户口所在地的婚姻登记机关办理离婚登记。办理离婚登记时，应当出具的证件和证明材料：本人的户口簿、身份证、结婚证；双方当事人共同签署的离婚协议书。婚姻登记机关对当事人确属自愿离婚，并已对子女抚养、财产、债务等问题达成一致处理意见的，应当当场予以登记，发给离婚证。

（2）婚姻登记机关不予受理的情形：未达成离婚协议的；属于无民事行为能力人或者限制民事行为能力人的；其结婚登记不是在中国内地办理的。

（3）男女一方要求离婚的，可直接向人民法院提出离婚诉讼。人民法院审理离婚案件，应当进行调解；如感情确已破裂，调解无效，应准予离婚。

（4）调解无效，应准予离婚的情形：重婚或者有配偶者与他人同居的；实施家庭暴力或虐待、遗弃家庭成员的；有赌博、吸毒等恶习屡教不改的；因感情不和分居满两年的；其他导致夫妻感情破裂的情形。

（5）一方被宣告失踪，另一方提出离婚诉讼的，应准予离婚。

9. 离婚时，一方隐匿、转移财产的法律责任

离婚时，一方隐匿、转移财产或者伪造债务企图侵占另一方财产的，对于这一方，在分割财产时可以少分或不分。人民法院也可以依照《中华人民共和国民事诉讼法》的规定予以制裁。

10. 离婚时，子女的抚养问题

（1）对子女抚养问题，从有利于子女身心健康、保障子女的合法权益出发，结合父母双方的抚养能力和抚养条件等具体情况妥善解决。

由于离婚以后父母子女关系不变，所以父母对子女的抚养费仍有平等负担的义务。当约定或者判决的抚养费不能满足现在的需要时，子女有权要求增加抚养费数额。

（2）离婚后，不直接抚养子女的一方有权要求变更抚养关系。有下列情形之一的，有权要求变更：①与子女共同生活的一

方患有严重疾病或因伤残无力继续抚养子女的；②与子女共同生活的一方不尽抚养义务或有虐待子女行为或与子女共同生活对子女身心健康确有不利的；③十周岁以上的未成年子女，愿随另一方生活，该方又有抚养能力的。

2017年10月1日正式实施的《中华人民共和国民法总则》（以下简称《民法总则》）第19条规定："八周岁以上的未成年人为限制民事行为能力人，实施民事法律行为由其法定代理人代理或者经其法定代理人同意、追认，但是可以独立实施纯获利益的民事法律行为或者与其年龄、智力相适应的民事法律行为。"依照《民法总则》的规定，限制民事行为能力人的年龄从十周岁降低到八周岁。也就是说，八周岁以上的未成年子女，愿随另一方生活，该方又有抚养能力的，不直接抚养子女的一方有权要求变更抚养关系。

（3）不直接抚养子女的一方享有对子女的探望权。子女也渴望见到另一方亲人，如果剥夺了另一方的探望权，就意味着剥夺了子女见到亲人的喜悦，将对子女的健康成长极为不利。

11. 家庭暴力的概念和法律适用范围

《反家庭暴力法》规定，家庭暴力，是指家庭成员之间以殴打、捆绑、残害、限制人身自由以及经常性谩骂、恐吓等方式实施的身体、精神等侵害行为。

《反家庭暴力法》第37条规定，家庭成员以外共同生活的人之间实施的暴力行为，参照本法规定执行。也就是说，非家庭成员但共同生活的人之间实施的暴力行为也构成家庭暴力。

持续性、经常性的家庭暴力，构成虐待。

12.《婚姻法》对家庭暴力或虐待行为的受害人的救助

（1）实施家庭暴力或虐待家庭成员，受害人有权提出请求，居民委员会、村民委员会以及所在单位应当予以劝阻调解。

（2）对正在实施的家庭暴力，受害人有权提出请求，居民委员会、村民委员会应当予以劝阻，公安机关应当予以制止。

（3）实施家庭暴力或虐待家庭成员，受害人提出请求的，公安机关应当依照治安管理处罚的法律规定予以行政处罚。

13. 反家庭暴力的五大原则

《反家庭暴力法》第 3 条规定，家庭成员之间应当互相帮助，互相关爱，和睦相处，履行家庭义务。反家庭暴力是国家、社会和每个家庭的共同责任。国家禁止任何形式的家庭暴力。第 5 条规定，反家庭暴力工作遵循预防为主，教育、矫治与惩处相结合的原则。反家庭暴力工作应当尊重受害人真实意愿，保护当事人隐私。未成年人、老年人、残疾人、孕期和哺乳期的妇女、重病患者遭受家庭暴力的，应当给予特殊保护。

反家庭暴力的五大原则包括：共同责任；对家庭暴力零容忍；预防为主，教育、矫治与惩处相结合；保护当事人隐私；实行特殊保护。其中，在特殊保护原则上，孕期和哺乳期的妇女成为保护的主体。对于轻微家庭暴力情形，为维护婚姻家庭关系的稳定性，尊重当事人意愿和隐私。该五大原则成为国家、社会、家庭各级组织开展反家庭暴力工作的核心指导原则。

14. 明确强制报案制度，增强社会保护力度

《反家庭暴力法》第 14 条规定，学校、幼儿园、医疗机构、居民委员会、村民委员会、社会工作服务机构、救助管理机构、福利机构及其工作人员在工作中发现无民事行为能力人、限制民事行为能力人遭受或者疑似遭受家庭暴力的，应当及时向公安机关报案。公安机关应当对报案人的信息予以保密。

这条法律规定体现了《反家庭暴力法》不仅是家庭法，更是社会保护法。再次明确了反家庭暴力不再是家务事或者仅是公安机关的责任，而是国家、社会、家庭、每个个体的共同责任。

15. 创设轻微家庭暴力下的告诫书惩戒方式

《反家庭暴力法》第 16 条规定，家庭暴力情节较轻，依法不给予治安管理处罚的，由公安机关对加害人给予批评教育或者出具告诫书。告诫书应当包括加害人的身份信息、家庭暴力的事实陈述、禁止加害人实施家庭暴力等内容。第 17 条规定，公安机关应当将告诫书送交加害人、受害人，并通知居民委员会、村民委员会。居民委员会、村民委员会、公安派出所应当对收到告诫书的加害人、受害人进行查访，监督加害人不再实施家庭暴力。

对于情节较轻的家庭暴力，《反家庭暴力法》创设了告诫书的惩戒形式，要求公安机关将告诫书送达居民委员会、村民委员会，由基层组织对家庭暴力主体进行查访工作，保护受害人。

16. 家庭暴力举证

《反家庭暴力法》第 20 条规定，人民法院审理涉及家庭暴力的案件，可以根据公安机关出警记录、告诫书、伤情鉴定意见等证据，认定家庭暴力事实。

法律从客观上指引了受害人如何收集证据、便于举证。"等证据"的规定也允许了法院自由裁量权的运用，如受害人在公安局所做的笔录、妇联投诉记录、家庭未成年人证言等均可以作为认定家庭暴力事实的证据。因此，家庭暴力受害人最直接的举证途径是在家庭暴力发生时先向公安机关报案并及时做好伤情鉴定工作。

17. 家庭暴力下的撤销监护人制度

《反家庭暴力法》第 21 条规定，监护人实施家庭暴力严重侵害被监护人合法权益的，人民法院可以根据被监护人的近亲属、居民委员会、村民委员会、县级人民政府民政部门等有关人员或者单位的申请，依法撤销其监护人资格，另行指定监护人。被撤销监护人资格的加害人，应当继续负担相应的赡养、扶养、抚养费用。

法律明确规定了家庭暴力下的监护人资格撤销制度，增强了可操作性。而且，该条还明确了监护人的监护资格虽然撤销了，但仍应承担赡养、扶养、抚养费用，实现了监护权利与义务的分离，最大限度地保护未成年人。

被撤销监护人资格的加害人，自监护人资格被撤销之日起三个月至一年内，可以书面向人民法院申请恢复监护人资格，并应当提交相关证据。

18. 人身安全保护令制度

《反家庭暴力法》第23条规定，当事人因遭受家庭暴力或者面临家庭暴力的现实危险，向人民法院申请人身安全保护令的，人民法院应当受理。

《反家庭暴力法》第4章专设"人身安全保护令"制度，规定了申请、管辖、形式、措施、期限、执行等内容，相对完善，特别是二十四小时紧急保护制度有利于最大限度地隔离加害人与受害人。

19. 遗产的范围

依照《中华人民共和国继承法》（以下简称《继承法》）的规定，遗产是公民死亡时遗留的个人合法财产，包括：公民的收入；公民的房屋、储蓄和生活用品；公民的林木、牲畜和家禽；公民的文物、图书资料；法律允许公民所有的生产资料；公民的著作权、专利权中的财产权利；公民的其他合法财产。

20. 遗产的法定继承顺序

遗产的第一顺序继承人：配偶、子女、父母。第二顺序继承人：兄弟姐妹、祖父母、外祖父母。继承开始后，由第一顺序继承人继承。没有第一顺序继承人的，由第二顺序继承人继承。各个顺序的继承人享有平等的权利。

被继承人的子女先于被继承人死亡的，由被继承人的子女的晚辈直系血亲代位继承。代位继承人一般只能继承他的父亲或者母亲有权继承的遗产份额。

丧偶儿媳对公、婆，丧偶女婿对岳父、岳母，尽了主要赡养义务的，作为第一顺序继承人。

同一顺序继承人继承遗产的份额，一般应当均等。对生活有特殊困难的缺乏劳动能力的继承人，分配遗产时，应当予以照顾。对被继承人尽了主要扶养义务或者与被继承人共同生活的继承人，分配遗产时，可以多分。有扶养能力和有扶养条件的继承人，不尽扶养义务的，分配遗产时，应当不分或者少分。继承人协商同意的，也可以不均等。对继承人以外的依靠被继承人扶养的缺乏劳动能力又没有生活来源的人，或者继承人以外的对被继承人扶养较多的人，可以分给他们适当的遗产。

21. 遗嘱继承

公民可以依照《继承法》的规定立遗嘱处分个人财产，并可以指定遗嘱执行人。公民可以立遗嘱将个人财产指定由法定继承人的一人或者数人继承，也可以立遗嘱将个人财产赠给国家、集体或者法定继承人以外的人。

（1）公证遗嘱由遗嘱人经公证机关办理。

（2）自书遗嘱由遗嘱人亲笔书写，签名，注明年、月、日。

（3）代书遗嘱应当有两个以上见证人在场见证，由其中一人代书，注明年、月、日，并由代书人、其他见证人和遗嘱人签名。

（4）以录音形式立的遗嘱，应当有两个以上见证人在场见证。

（5）遗嘱人在危急情况下，可以立口头遗嘱。口头遗嘱应当有两个以上见证人在场见证。危急情况解除后，遗嘱人能够用书面或者录音形式立遗嘱的，所立的口头遗嘱无效。

【案例4-4】订婚后，女方又反悔，彩礼该归谁

小王经人介绍，结识了同村的于某，在父母的催促下匆匆忙忙订了婚。订婚前，小王按照周围姐妹的"标准"向男方要了两万元的彩礼。但后来在与于某的交往中，小王发现于某有很多毛病她不能接受，故提出与于某分手。于某与小王解除婚约后要求其返还彩礼两万元，但是小王认为这是于家为了达成婚约的自愿给付，不同意归还。

评析： 男方有权要求女方返还彩礼。中国农村的很多地区在结婚过程中存在着男方给予女方彩礼的民间风俗。而随着男女关系的变化，由此也产生了一些民间纠纷。对此，最高人民法院关于适用《婚姻法》若干问题的解释（二）的第10条明确规定："当事人请求返还按照习俗给付的彩礼的，如果查明属于以下情形，人民法院应当予以支持：①双方未办理结婚登记手续的；②双方办理结婚登记手续但确未共同生活的；③婚前给付并导致给付人生活困难的。"

彩礼是男方以缔结婚姻关系为条件的赠与，而不是仅仅以达成婚约为目的，所以女方在收受彩礼后未与男方进行结婚登记形成夫妻关系的，该赠与的条件就不存在，男方当然有权撤销赠与，要求女方返还彩礼。所以，本案中，于某有权要求小王返还所收的两万元的彩礼。

（资料来源：路西社区　订婚后"女方又反悔"，彩礼该归谁）

六、农村社会治安治理组织

1. 农村社会治安治理机构设置

社会治安综合治理是组织、动员全社会力量，预防和治理违法犯罪，化解不安定因素，确保社会稳定的一项系统工程。社会治安综合治理是解决我国社会治安问题的根本出路。各级人民政府应当加强社会治安综合治理，采取有效措施，化解社会矛盾，增进社会和谐，维护社会稳定。

公安机关、乡派出所和村民委员会肩负着维护农村治安的任务。为了加强社会治安，维护公共秩序，保护公共财产，保障公民权利，市、县公安局可以在辖区内设立公安派出所。公安派出所是市、县公安局管理治安工作的派出机关。公安派出所应当对居民住宅区的管理单位、居民委员会、村民委员会履行消防安全职责的情况和上级公安机关授权管理的单位进行消防监督检查。治安管理处罚由县级以上人民政府公安机关决定，其中警告、五百元以下的罚款可以由公安派出所决定。

2. 建立村社会治安综合治理网络

社会治安综合治理需要发动群众，不能仅依靠专责机关的力量，需要建立村综合治理工作组织网络，实现各种力量的有效整合。可结合本地实际，成立村社会治安综合治理领导小组，由村党支部书记担任组长，村民委员会主任担任副组长，成员有村治保主任和调解主任、妇代会主任、民兵连长和团支部书记等。

村社会治安综合治理领导小组下设村综合治理协调室，由治保主任和调解主任兼任村综合治理协调室主任。村综合治理协调室应建立综合治理领导小组例会制度、综合治理信息员报告制度等各项工作制度，还应注重基础硬件设施建设，使本村的综合治理力量得到有效整合。村综合治理协调室应积极主动地配合治保和调解干部做好外来流动人口的登记、催促办证等工作，特别是对租住在村边偏僻处农户家的外来人口管理。在外来人口遇到困难时，应尽最大努力为他们提供帮助，及时调解涉及外来人口工资纠纷、房租费用引发的纠纷等，使他们能够感受到来自第二故乡的温暖。

3. 村民委员会在社会治安综合治理中的职责

村民委员会应当建立健全治安保卫组织，即治安保卫委员会。村民委员会在社会治安综合治理中履行下列职责。

（1）宣传、贯彻执行有关法律、法规和方针、政策。

（2）组织制定村规民约并监督执行。村规民约一般应包括：思想教育方面，热爱祖国、热爱共产党、热爱社会主义、热爱劳动、爱护公物、爱护集体财产等；维护社会秩序方面，遵守法规、不偷盗、不赌博、不吸毒、不打架斗殴，维护公共秩序；社会公德方面，讲礼貌、尊老爱幼、团结互助，帮助贫困户，不虐待妇女儿童，户户争当"五好家庭"；精神文明建设方面，讲文明、讲卫生，搞好生活和生态环境的美化绿化，学文化、学科学，移风易俗，反对封建迷信；履行法律义务方面，依法服兵役，严格履行土地承包合同，搞好计划生育等内容。

（3）进行防盗、防火、防破坏、防自然灾害事故等安全教育，提高群众自防、自治能力。

（4）加强对治安保卫组织的领导，组织群众开展安全防范工作。

（5）协助公安、司法机关监督、考察被依法判处管制、有期徒刑宣告缓刑、监外执行、假释的犯罪人员和被监视居住、取保候审人员。

（6）配合有关部门，查禁卖淫嫖娼，严禁制作、运输、走私、贩卖毒品和淫秽物品，禁止吸食、注射毒品，禁止赌博和利用封建迷信骗钱、害人等社会丑恶现象；做好本单位的吸食、注射毒品人员的戒毒工作和戒除毒瘾的巩固工作。

（7）教育、管理刑满释放人员、解除劳动教养人员和有轻微违法行为的人员。

（8）做好辖区内青少年和社会闲散人员的教育管理工作。

（9）及时报告社会治安情况，反映村民对社会治安综合治理工作的意见和要求。组织村民协助公安机关做好治安防范、调查各种案件、管理常住和暂（寄）住人口。

（10）办理社会治安综合治理的其他事项。

【案例4-5】 打牢农村社会治安综合治理的第一道防线

近年来，黑龙江省公安机关广泛开展群防群治工作，有效提升新时期维护农村治安稳定的能力。根据2018年1月统计，全省农村警务辅助人员已达到8637人，全省9017个行政村已有8509个村实现"一村一辅警"配置，配置率逾94%。

2017年，黑龙江省各地公安机关着力推动"一村一辅警"政策落地落实，派出所整体战斗力明显提升，农村刑事案件和治安案件发案率有效降低，基层民警工作压力明显减轻，警民关系进一步融洽，有力夯实了农村地区公安工作基础，进一步打牢农村社会治安综合治理的第一道防线。全省各地按照省公安厅"六大工程"部署要求，建立健全农村警务辅助人员各项管理规定，加大岗前培训，制定联勤联训培训机制，筑牢农村治安防范各项基础工作。农村警务辅助人员在巡逻防范、信息提供、警民联动等方面具有独特优势，为公安机关提升工作效能、贯彻群众路线发挥了重要作用。

黑龙江省公安厅在2018年6月底前完成警务辅助人员全员培训，系统学习基本工作技能，提高广大农村警务辅助人员的政治素质和业务水平。

评析：全面推进以农村警务辅助人员全覆盖为重点的农村立体化社会治安防控体系建设，不断推进社会共治、社会善治，努力形成维护安全稳定的强大合力，需要把农村警务辅助力量放在大局工作中考量，着力解决建设过程中体制性、机制性以及经费、装备保障等方面重点、难点问题。

（资料来源：米娜 打牢农村社会治安综合治理第一道防线，我省"一村一辅警"配置率逾94%）

七、农村刑事法律知识

1. 聚众扰乱社会秩序罪

《中华人民共和国刑法》（以下简称《刑法》）第290条规定，聚众扰乱社会秩序罪是指聚众扰乱社会秩序，情节严重，致使工作、生产、营业、教学、科研无法进行，造成严重损失的行为。对首要分子处三年以上七年以下有期徒刑；对其他积极参加者，处三年以下有期徒刑、拘役、管制或者剥夺政治权利。

2017年8月，贵州省铜仁市玉屏县杨某因不服土地补偿，召集多人驾车围堵天福公司，造成该公司四天无法进行经营。2018年1月21日，人民法院以聚众扰乱社会秩序罪，判处杨某五年有期徒刑。

2. 妨碍公务罪

妨碍公务罪是指以暴力、威胁的方法，阻碍国家机关工作人员、人大代表、红十字会工作人员依法执行职务、履行职责的行为，或者故意阻碍国家安全机关、公安机关依法执行国家安全工作任务，造成严重后果的行为。《刑法》第277条规定，以暴力、威胁方法阻碍国家机关工作人员依法执行职务的，处三年以下有期徒刑、拘役、管制或者罚金。

2018年2月27日，辽宁省铁西市公安局组织警力前往铁西市某镇某村某工业园维护平整土地施工秩序，该村几十名村民到现场阻挠施工。在公安民警执行公务过程中，被告人苏某伙同四名同案犯（均另案处理）带领部分村民用石头、泥块等物体砸打公安民警，造成多名公安民警受伤。铁西市人民法院认为，被告人苏某妨碍公务且起主要作用，属主犯。苏某归案后如实供述罪行，当庭自愿认罪，依法可以从轻处罚。遂判处其有期徒刑一年八个月。

【案例4-6】 打击农村地区赌博犯罪行为

2017年12月14日，辽宁省沈阳市公安局成功侦破"4·15"专案，一举打掉了以周某为首的利用网络非法彩票等开设赌场的犯罪团伙，共抓获涉案人员52名，扣押、冻结、查封涉案财物总计约4300万元。经查明，该团伙租用境外服务器运营网络赌博平台，发展网站代理招赌牟利。周某等27名犯罪嫌疑人被依法逮捕。

2017年12月15日，经前期缜密侦查，吉林省德惠市公安局在朱城子镇一鱼池附近的民房内打掉一个"牌九"和"百家乐"赌博窝点，抓获涉赌人员40人，缴获赌资约7万元。德惠市公安局依法刑事拘留13人，治安拘留16人。

2018年1月3日，上海市公安局崇明分局成功侦破一起流动开设赌场案，抓获涉案人员84名，收缴赌资约20万元。经查明，犯罪嫌疑人郑某伙同他人在长兴镇庆丰村靠近长江滩涂的偏僻鱼塘内，组织大量赌客以"二八杠"形式聚众赌博，从中牟取暴利。

2018年1月7日，山西省交城县公安局经前期缜密侦查，在该县西营镇西营村村西成功打掉一聚众赌博窝点，抓获涉赌人员40余名、吸毒人员2名，收缴赌资约60万元。该案共刑事拘留5人，取保候审1人，行政处罚41人。

评析：针对农村赌博活动的季节性、时段性等规律特点，自2017年10月起，公安部专项部署打击整治冬春季节的农村及城郊地区赌博行为，各地连续打掉了一批地下流动赌场，有效地遏制了赌博违法犯罪行为的蔓延。

（资料来源：新华网　公安部发布打击农村地区赌博犯罪典型案例）

3.诈 骗 罪

诈骗罪是指以非法占有为目的，采用虚构事实或者隐瞒真相的方法，骗取数额较大的公私财物的行为。《刑法》第 266 条规定，诈骗公私财物，数额较大的，处三年以下有期徒刑、拘役或者管制，并处或者单处罚金；数额巨大或者有其他严重情节的，处三年以上十年以下有期徒刑，并处罚金；数额特别巨大或者有其他特别严重情节的，处十年以上有期徒刑或者无期徒刑，并处罚金或者没收财产。《刑法》另有规定的，依照规定。

2016 年 3 月，钦州市决定对大潘镇所属的胡家村、马贝村、小祝村部分土地进行征用，并于当年 4 月 13 日在这些村张贴了被征用土地的停耕通告。李某家共有土地 35 亩（1 亩 ≈ 667 平方米），正常经营或依靠补偿，回报并不低。可他并不满足，决心恶意抢栽抢种，骗取更多的补偿金。在征用土地公告张贴出来后，李某打定主意让地里长出"值钱货"，于是和妻子于某（另案处理）以及本村村民邱某、马某抢栽了 7 亩的轮叶党参，获得补偿金额约 23 万元。随后，他又伙同妻子和外村的朋友先后抢栽 4.77 亩苍术、20 余亩景天等并不适合当地生长条件的经济作物，并抢建建筑物。自 2016 年 4 月至 2018 年 3 月，李某、于某伙同另外 10 人（均另案处理）共诈骗征地补偿金约 159 万元。人民法院认为，被告人李某以非法占有为目的，虚构事实，靠抢建抢种手段骗取巨额国家财产，已经构成诈骗罪。为此，判处其有期徒刑 15 年，剥夺政治权利 5 年，并处罚金人民币 80 万元。

4.贪 污 罪

贪污罪是指国家工作人员利用职务上的便利，侵吞、窃取、骗取或者以其他手段，非法占有公共财物的行为。根据全国人大常委会的立法解释，村民委员会等基层组织协助人民政府从事行政管理工作，贪污土地征用补偿费用的，构成贪污罪。

《刑法》第 383 条规定，对犯贪污罪的，根据情节轻重，分别依照下列规定处罚：①个人贪污数额在十万元以上的，处十年以上有期徒刑或者无期徒刑，可以并处没收财产；情节特别严重的，处死刑，并处没收财产。②个人贪污数额在五万元以上不满十万元的，处五年以上有期徒刑，可以并处没收财产；情节特别严重的，处无期徒刑，并处没收财产。③个人贪污数额在五千元以上不满五万元的，处一年以上七年以下有期徒刑；情节严重的，处七年以上十年以下有期徒刑。个人贪污数额在五千元以上不满一万元，犯罪后有悔改表现、积极退赃的，可以减轻处罚或者免予刑事处罚，由其所在单位或者上级主管机关给予行政处分。④个人贪污数额不满五千元，情节较重的，处两年以下有期徒刑或者拘役；情节较轻的，由其所在单位或者上级主管机关酌情给予行政处分。对多次贪污未经处理的，按照累计贪污数额处罚。

2017 年 12 月，贵州省铜仁市松桃县某村民委员会主任罗某，利用职权，侵占村民土地补偿款 146 680 元。2018 年 4 月 28 日，被人民法院判处有期徒刑十年。

5. 预防村干部职务犯罪的对策

（1）提高村干部的文化水平，加强道德和法制教育　预防村干部职务犯罪，教育是基础。村干部的文化水平普遍较低，所以要对村干部进行定期培训，积极提高村干部的文化水平。村干部的道德教育同样不可忽视，职业道德的调整和干预范围比法律更为广泛，要使村干部树立正确的权力观，让其意识到自己的哪些行为是其权力范围内的，哪些是合法的，这有助于预防其职务犯罪的产生。

（2）提高村干部待遇，完善激励机制　为了激发村干部的工作积极性，根据情况适当提高其工作待遇并建立相应的奖励机制，是预防犯罪的有效手段。完善激励机制包括政治激励机制、经济激励机制和保障机制。健全在职村干部的医疗保险制度、养老保险制度，解决其后顾之忧，预防犯罪的产生。

（3）规范财务管理制度　村级应设立专职会计、出纳，各负其责，并相互制约、相互监督，防止村干部自收自支和权力过度集中；规范收支入账凭据，杜绝白条入账现象，防止虚报、重报、冒领；健全财务制度，严格审批程序，数额较大的开支必须经过村民委员会集体讨论安排，并自觉接受村民的监督；要增强村务活动的透明度，切实实现村务公开，特别是财务收支公开。

（4）完善选拔任用机制　对现有尚未完善的法律进行修改，使农村政治生活在法律的框架内进行，防止不法分子钻法律的空子。同时认真贯彻中共中央办公厅、国务院办公厅《关于进一步做好村民委员会换届选举工作的通知》精神，凡是政策和法律赋予农民的民主权利都不许截流，凡是政策和法律规定的民主程序都不能疏漏。

【案例4-7】　打通法律服务"最后一公里"

近年来，广东省东莞市全面推行"一村（社区）一法律顾问"制度，组织律师"送法下乡"，担负起在基层宣传法治思想、提供法律服务的职责。该制度为村民（社区居民）提供了一条咨询和解决问题的便捷法律渠道，推动了公共法律服务资源向社区、家庭、弱势群体延伸。据统计，全市有各类人民调解委员会1 451个，人民调解员14 063人，及时为市民群众解决矛盾纠纷，打通了法律服务基层群众的"最后一公里"。

评析：乡村法治是乡村治理的保障。近年来，广东省东莞市深入推进全面依法治市，通过推行"一村（社区）一法律顾问"制度、创建国家和省级民主法治村（社区）等，提升了全市法治建设水平。

（资料来源：李金健　东莞利用现代信息管理打通服务"最后一公里"）

【案例4-8】 江西寻乌法院"三治"结合参与乡村治理

近三年来，江西省寻乌县人民法院把"高大上"的文件精神、"生硬"的法律条文，搬到了乡村祠堂、文化广场，以"接地气"的宣讲方式，送法进乡村，传法入人心。法院充分发挥法院干警熟悉法律、法规的优势，开展"合法性体检"专项活动76场次，现场提供法律咨询960余人次，提出法律意见建议206条，帮助制定、完善村规民约、合同、协议等97份，有效促进了村民自治依法规范运行。与"五老"(老党员、老干部、老劳模、老退伍军人、老教师)等基层群众共同参与矛盾纠纷调解，人民法庭成为主阵地。充分发挥自治组织的作用，加强矛盾纠纷的预防和调处。

（1）发动群众参与，让自治更具活力。2018年4月，夕阳西下，寻乌县圳下村文化广场一侧，一块块法治宣传展板格外引人注目，路过的村民不时驻足观看。村民们说，这些案例我们喜欢看，而且一看就懂，太接地气了。他们在休闲娱乐的同时，不经意间就学到了许多法律知识。曾担任圳下村党支部书记的刘志华，现在是该村"五老"调解队成员之一。"我们这里民风淳朴，大家都不愿打官司，上法当被告被认为很丢脸。"刘志华笑着说，"但他们很听长辈的话。因此，我们就经常用'老脸皮'和'磨嘴皮'去说和。调解队成立以来，已经调解了数十起纠纷。"在寻乌法院挂点法官的促进下，圳下村"五老"调解队、妇女执委会、村民理事会等自治组织相继组建。会长均由德高望重的长者担任，法官帮助这些自治组织制定了完备的议事规则、章程等。

（2）"合法性体检"，让自治更加规范。赣南客家村规民约由来已久。明朝王阳明任职赣南时制定并推行了《南赣乡约》，同时根据客家民风、民情，提出了16条治理措施，曾深刻地影响了当地群众。

为进一步了解全县村规民约真实情况，寻乌法院派出5个工作组，深入15个乡镇，要求干警"多走一公里"，广泛征求乡村干部和村民的意见、建议。法官们秉持这样一种理念"虽然'大家的事情大家商量着办',但是制定程序和具体内容必须合法。"

法官们受邀全程参与制定谢屋村新版村规民约。经过反复讨论,最终,谢屋村新版村规民约在村民代表会议上获得全票通过,并落地施行。不仅对乱设行政处罚、参与分配征拆补偿等与法律相悖的条款进行指导纠正,寻乌法院还对自治组织的其他履职行为进行"合法性体检"。

(3)"诉调对接"机制,让自治更有效力。寻乌法院推行的"专人办、不收费、快执行"司法确认工作机制,较好地解决了民事纠纷"调而不结"问题,为合法自治行为提供了法律支撑。

寻乌法院大力开展以"司法确认"为切入点的诉调对接工作,建立依法提前介入机制,在乡镇、工业园区和相关单位设立诉前调解办公室,共同化解矛盾纠纷,有效防止了矛盾纠纷激化走上法庭。寻乌法院还出台了《关于邀请农村"五老人员"参与矛盾纠纷化解的指导意见》等一系列举措。

评析:寻乌法院要求所有的法官,除了业务知识精通外,还必须熟悉当地风俗民情。只有法官尊重风俗,才能拉近与群众的距离。通过与群众建立情感联结,激发起群众自治内生动力,让群众说服群众,让群众带动群众。

"人民调解+司法确认"这种纠纷化解模式,既发挥了人民调解成本低、效果好的优势,又避免了调解协议易反悔、难执行的不足,给基层群众、涉诉当事人吃上了"定心丸"。

通过选派干警担任理事会顾问、支持陪审员参与调解、组织人民调解员培训、发放便民联系卡等方式,持续汇聚起基层化解矛盾纠纷的强大合力。

新时代的人民法院工作,尤其是基层司法工作,必须融入农业农村改革发展大局,满足社会主要矛盾新转变后"三农"工作在司法领域中的新反映、新需求,以强烈的司法担当,深度参与乡村治理,服务保障乡村振兴战略稳步实施。

(资料来源:姚晨奕 江西寻乌法院"三治"结合参与乡村治理)

第五篇

乡村振兴之乡村德治

一、德治基本知识

【案例5-1】 德治教化　凝聚基层合力

2018年3月4日，春日煦暖，重庆市垫江县大石乡高生村村民邱英、徐芝蓉正忙着把80岁的婆婆王家珍扶出来晒太阳。

王家珍老人双目失明后，一直由大儿媳邱英和二儿媳徐芝蓉照顾。邱英、徐芝蓉三十年如一日地照顾失明婆婆，早已成为乡邻们眼中孝老敬亲的榜样，提起王家珍老人的两个儿媳邱英、徐芝蓉，村民们都竖起大拇指。

当地几乎每年开清明会，都会把王家珍这两个儿媳妇当孝老敬亲模范。百善孝为先，在这个祥和的家里，孝顺媳妇把传统美德演绎得淋漓尽致，同时也成为村里学习的模范，极大地带动了村里的慈孝风气。

评析：通过道德模范引领示范，可大力推行乡村德治。为实现乡村治理有魂，垫江县在全县各村建立起了"幸福邻里志愿行"队伍，由志愿者、乡贤和积极分子组成475支服务队，参与处理村里的大小事项，在道德领域发挥了重要作用。乡村先后涌现出"最美家庭""文明家庭"等道德典范，不断升华着垫江的乡风文明氛围，人文环境进一步向上、向善、向好。

（资料来源：赵童，龙搏　村规民约树新风，"三治合一"焕新颜）

1. 德治的含义和特征

德治，即以德治国，是人类社会用道德控制和评价社会成员行为的一种手段。主要通过榜样示范、道德礼仪、教化活动、制定乡规民约和宗族家法、舆论褒贬等形式实现。

德治具有以下特征。

（1）广泛性　德治总是以明确的善恶标准，包括公正与偏私、光荣与耻辱、正义与非正义等道德观念，评价人们的行为或思想。这些道德观念覆盖着社会生活的所有领域，广泛地影响着广大社会成员的价值判断和选择，引导人们树立积极正确的价值观念。

（2）人性化　德治主要是利用道德的柔性和弹性机制对社会主体进行相应调控，这种规范和引导总是因地制宜、因人而异的，而且道德调控方式更富有人情味，道德调控的过程更趋向人性化。

（3）深入性　道德的调节作用总是通过主体的内心认同来实现的，由此决定了道德的影响力更深入、更持久。

2. 德治是健全乡村治理体系的情感支撑

健全乡村治理体系，应注重乡土人情、德道规范的情感认同。虽然乡村社会正经历转型，但其人情社会、熟人社会的基本特性并未发生根本性改变。在人情社会，对人们行为的规范与评价，道德、习俗充当着不可替代的独特角色，发挥着不可或缺的重要作用。通过道德评价从内心情感约束人们行为，形成并维护人们所期望的社会秩序。厉行德治，并以德治实现善治，正是我国历久不衰、相袭相承的乡村治理密码。

经济基础决定上层建筑，道德规范要求应与时俱进。习近平总书记指出："推进国家治理体系和治理能力现代化，要大力培育和弘扬社会主义核心价值体系和核心价值观，加快构建充分反映中国特色、民族特性、时代特征的价值体系。"进入新时代，我们既要弘扬中华优秀传统文化，继承并创造性转化、创新性发展沉淀在民族精神中的推己及人、行为适宜、遵守规矩、谨守本分、明辨是非、温和友善、诚实守信、忠国爱家等传统美德，也应培育和弘扬社会主义核心价值观，发展社会主义先进乡村文化，塑造与时代要求相适应的新的道德标准。通过道德标准体系的完善，乡土信任的重建，正民心、树新风，营造乡村德治氛围，维护乡村德治秩序。

在乡村治理中融入德治，能够发挥道德引领、规范、约束的内在作用，增强乡村自治和法治的道德底蕴，为自治和法治赢得情感支持与社会认同，使乡村治理事半功倍。有效发挥德治在乡村治理中的作用，应将道德规范融入乡规民约，使道德规范外化为人们的行为自觉，实现"春风化雨，润物无声"；应创新乡贤文化，充分发挥榜样的示范带头作用，引导村民崇德向善；应培育和弘扬地方性优秀道德传统，创新其合乎时代特征的表达方式，增强村民的认同感、归属感、责任感和荣誉感，使崇德尚法、诚实信用、遵守规则、弘扬公序良俗成为人们的内在需求。

3. 社会主义核心价值观

党的十八大提出，倡导富强、民主、文明、和谐，倡导自由、平等、公正、法治，倡导爱国、敬业、诚信、友善，积极培育和践行社会主义核心价值观。

社会主义核心价值观是社会主义核心价值体系的内核，体现社会主义核心价值体系的根本性质和基本特征，反映社会主义核心价值体系的丰富内涵和实践要求，是社会主义核心价值体系的高度凝练和集中表达。

（1）富强、民主、文明、和谐　"富强、民主、文明、和谐"，是我国社会主义现代化国家的建设目标，也是从国家层面对社会主义核心价值观基本理念的凝练，在社会主义核心价值观中居于最高层次，对其他层次的价值理念具有统领作用。

富强即国富民强，是社会主义现代化国家经济建设的应然状态，是中华民族梦寐以求的美好夙愿，也是国家繁荣昌盛、人民幸福安康的物质基础。民主是人类社会的美好诉求。我们追求的民主是人民民主，其实质和核心是人民当家作主。它是社会主义的生命，也是创造人民美好幸福生活的政治保障。文明是社会进步的重要标志，也是社会主义现代化国家的重要特征。它是社会主义现代化国家文化建设的应有状态，是对面向现代化、面向世界、面向未来的，民族的科学的大众的社会主义文化的概括，是实现中华民族伟大复兴的重要支撑。和谐是中国传统文化的基本理念，集中体现了学有所教、劳有所得、病有所医、老有所养、住有所居的生动局面。它是社会主义现代化国家在社会建设领域的价值诉求，是经济社会和谐稳定、持续健康发展的重要保证。

（2）自由、平等、公正、法治　"自由、平等、公正、法治"，是对美好社会的生动表述，也是从社会层面对社会主义核心价值观基本理念的凝练。它反映了中国特色社会主义的基本属性，是我们党矢志不渝、长期实践的核心价值理念。

自由是指人的意志自由、存在和发展的自由，是人类社会的美好向往，也是马克思主义追求的社会价值目标。平等指的是公民在法律面前的一律平等，其价值取向是不断实现实质平等。它要求尊重和保障人权，人人依法享有平等参与、平等发展的权利。公正即社会公平和正义，它以人的解放、人的自由平等权利的获得为前提，是国家、社会的根本价值理念。法治是治国理政的基本方式，依法治国是社会主义民主政治的基本要求。它通过法制建设来维护和保障公民的根本利益，是实现自由平等、公平正义的制度保证。

（3）爱国、敬业、诚信、友善　"爱国、敬业、诚信、友善"，是公民基本道德规范，是从个人行为层面对社会主义核心价值观基本理念的凝练。它覆盖社会道德生活的各个领域，是公民必须恪守的基本道德准则，也是评价公民道德行为的基本价值标准。

爱国是基于个人对自己祖国依赖关系的深厚情感，也是调节个人与祖国关系的行为准则。它同社会主义紧密结合在一起，要求人们以振兴中华为己任，促进民族团结、维护祖国统一、自觉报效祖国。敬业是对公民职业行为准则的价值评价，要求公民忠于职守、克己奉公、服务人民、服务社会，充分体现了社会主义职业精神。诚信即诚实守信，是人类社会千百年传承下来的道德传统，也是社会主义道德建设的重点内容，它强调诚实劳动、信守承诺、诚恳待人。友善强调公民之间应互相尊重、互相关心、互相帮助、和睦友好，努力形成社会主义的新型人际关系。

【案例5-2】 树立乡村文明和谐新风尚

广东省东莞市各镇积极将社会主义核心价值观融入各村（社区），深入挖掘和传承优秀传统文化，组织开展文明创建、志愿服务、立家训家规、传家风家教、最美家庭评选、书香之家评选等活动，树立文明和谐新风尚，描绘美丽乡村新画卷，涌现出一大批国家、省、市文明村、历史文化名村、宜居村、卫生村等。2017年11月4日，第五届传承家风·金秋敬老节暨登山邀请赛在东莞市隆重举行。

东莞市大朗长富社区早在2009年就成立了义工服务站，并在2011年分别成立白玉兰家庭服务中心和社区综合服务中心，提高了居民生活质量和幸福指数，打造了一个爱心和谐社区。与长富社区类似，厚街大迳社区组织了"夕阳红"长者义工队，该义工队最大的"爱好"就是帮助别人。如今，身穿浅绿色马甲的长者义工，已成为大迳社区最美丽的风景线，他们所到之处，带给大家的是爱心和欢乐。

评析：习近平总书记说："国无德不兴，人无德不立。"广东省东莞市通过积极加强乡村德治建设工作，实现了社会和谐善治。

（资料来源：李健武 东莞：自治法治德治结合，绘就美丽乡村画卷）

4. 传统道德修养包含的内容

中华民族有着五千年的文化积淀，其中关于人的道德修养的智慧比世界上任何一个民族都要丰富和全面。传统道德修养强调"忠、信、孝、悌、礼、义、廉、耻"这些准则，培养"智、仁、勇"兼备的健全人格。这些道德观念固然带有明显的封建色彩，但数千年来，它们又的确发挥了维系整个中华民族精神纽带的作用。古人把道德操守提高到了极致，提倡"正心诚意，修身齐家治国平天下"。

5. 现阶段社会主义道德体系建设

现阶段社会主义道德建设，着眼于建立与社会主义市场经济相适应、与社会主义法律规范相协调、与中华传统美德相承接的思想道德体系。以马克思列宁主义、毛泽东思想、邓小平理论为指导，以为人民服务为核心，以集体主义为原则，以爱祖国、爱人民、爱劳动、爱科学、爱社会主义为基本要求，以职业道德、社会公德、家庭美德为着力点，以诚实信用为突破口等。

坚持正确处理公平与效率的关系，坚持先进性要求与广泛性要求相结合，坚持继承和发扬中华民族优良传统并积极吸收外来的优秀文化成果，正确处理和认识各种利益关系，树立社会主义义利观。

周密制定和实行适应社会发展要求的道德建设指导计划。根据形势发展的要求，从自己的实际出发，搞好规划，把基本道德要求融于有关法律、法规和各项具体政策中，融于社会的各项管理中，不断推动社会道德体系的形成和完善。

道德教育，不能脱离社会经济发展的现实，不能脱离广大人民群众的实际生活，而应该努力做到形式多样、生动活泼、为群众所乐于接受。

【案例5-3】 读书为乡亲们建起"精神防护林"

2004年，湖南科技大学教授夏昭炎罹患胃癌，手术后同老伴杨莲金回到家乡湖南省石羊塘镇谭家垅村。以前村里娱乐活动少，家家户户打牌，经常为此闹纠纷。夏昭炎看在眼里，心里开始琢磨。

夏家祖堂旁有几间老屋，他设法买了下来，找来泥瓦匠，盖瓦补墙，很快修整好了一间房间。夏昭炎叫上老伴杨莲金，把家里的报纸、书籍搬过去，还搬来一些小凳子。他继续整饬老屋，搭建风雨棚。从此，高桥文化活动中心诞生了。夏昭炎邀请村民夏春初一同管理，又争取到区里支持，开设了正规的农家书屋，邀请了村民张玉英做图书管理志愿者。"读书能改变命运，知识能让人进步。"夏昭炎常常自掏腰包添置新书。他还向自己的学生要书，出版社的学生、北京的学生、区里的领导，都为这个农家书屋作过贡献。如今书屋里的书多达7000余册。为方便其他村的孩子看书、借书，夏昭炎选择在临近村居民较集中、有热心人愿意帮助管理并可无偿提供场地的地点陆续开办了5个分点，图书每年轮换一次，以发挥最大的效益。2018年2月，在谭家垅村高桥农家书屋，正在放寒假的孩子们围坐在夏昭炎身边，有的写作业，有的津津有味地看书。这样的场景，在谭家垅村已经出现了十多年。

夏昭炎夫妇组织村民成立了文艺队、体育队，教村民练习医疗保健操、打太极拳、跳广场舞。杨莲金是湘潭市卫生局的退休职工，夏昭炎鼓励她当老师开课堂，讲老年保健知识，一开课就受到远近村民的追捧。

夏昭炎最关心的还是农村下一代的健康成长。村里留守儿童比较多，而且多半是跟着爷爷奶奶在牌桌边长大，缺乏良好的成长环境。夏昭炎便和老伴商量着办起了少儿假期学校，夏昭炎亲自给孩子们讲传统文化。为了丰富教学内容，夏昭炎东奔西走，动员镇里学校的一批老师前来支教。来上学的孩子们越来越多，甚至有相隔几个村庄的家长每天骑着摩托车把自己孩子送过来。看到一些寒门学子上学不易，夏昭炎设立高桥奖学基金。他把自己这些年获得"书香家庭""感动株洲十大人物"等奖项的奖金全捐了出来。几年来，基金已经奖励了15名学生，其中研究生4名。一位受助大学生特意写信给夏昭炎："钱虽不多，对我却是一种莫大的鼓励，我更愿意把它看作是教授对我们的一种精神传承。"

如今，政府启动门前"三小"工程，决定两年内在人口比较集中的农村建成500个左右的小广场、小书屋、小讲堂"三小"示范点。

评析：乡村应当有自己的文化氛围。城里有文化，乡村也要有。十几年来，夏昭炎回到乡下做回"农夫"，他不种庄稼"种文化"，为乡亲们耕种出一片"文化田"。门前"三小"工程示范点起到了延伸作用，使服务老百姓便利化，真正打通农民群众享受文化服务的最后一公里。

（资料来源：禹爱华，龙军 读书为乡亲们建起"精神防护林"）

6.以文明乡风助力乡村振兴

2018年的中央一号文件提出，要培育文明乡风、良好家风、淳朴民风，不断提高乡村社会文明程度。文明乡风是乡村振兴的重要内容和有力保障。

（1）加强思想引领 把习近平新时代中国特色社会主义思想作为实施乡村振兴战略、建设文明乡风的思想引领，持续推动党的十九大精神进农村、入人心。紧紧围绕打赢脱贫攻坚战、推进绿色发展、打造共建共治共享社会治理格局等农民关心的热点问题，既讲怎么看，又讲怎么办，解疑释惑、凝聚共识。加强党的"三农"政策宣传，引导农村干部群众坚定信心、鼓足干劲，自觉投身乡村振兴实践。

（2）倡导文明新风　铺张浪费、厚葬薄养、人情攀比等陈规陋习，败坏农村社会风气，引起广大农民强烈反感。应着眼文明素质养成，通过组织"三下乡"等多种形式，积极传播科学、健康的生活方式，移风易俗、敦风化俗，引导农民摒弃落后习俗，过上现代文明生活。大力推动村民议事会、道德评议会、红白理事会等村民组织加强自身建设，开展乡风评议，建立道德激励约束机制，形成健康向上的民间舆论。坚持立破并举，把自治、法治、德治结合起来，大力整治黄赌毒、封建迷信等突出问题，打击黑恶势力和涉农犯罪，把不良风气压下去，把良好风尚立起来。

（3）强化实践养成　形成文明乡风，既要靠宣传倡导，又要靠实践养成。应深入开展精神文明创建活动，将区级文明城市和文明村镇创建作为乡村振兴的抓手，分类推进、层层落实，使文明创建的过程成为培育和践行社会主义核心价值观的过程。中华民族历来注重家庭、家教、家风，要适应农村家庭结构的深刻变化，切实加强农村家庭文明建设。开展"星级文明农户""五好文明家庭"等评选活动，激发农民的家庭责任感和荣誉感。以农村社区为依托，以关爱农村留守儿童、留守妇女、留守老人为重点，广泛开展农村志愿服务活动。

（4）开展环境整治　良好的生态环境既是传统乡土文化的重要内容，也是乡村振兴的重要方面。坚持人与自然和谐共生，牢固树立和认真践行绿水青山就是金山银山的理念，以建设美丽宜居村庄为导向，加大农村人居环境整治力度；以农村垃圾污水治理和村容村貌提升为主攻方向，推进农村厕所革命，大力改善农民生产生活条件，加快补齐农村人居环境短板。加强生态文明宣传教育，引导广大农民树立社会主义生态文明观，强化人与自然和谐共生理念，尊重自然、顺应自然、保护自然，把生态文明建设落实到乡村振兴全过程，让青山常在、绿水长流、空气清新。

二、倡导文明新风

【案例5-4】　浙江省温州市：红白喜事从简办理

以前，在浙江省温州市乐清市办丧事，普通人家需要7天至11天，花费十几万元到几十万元。但是现在，移风易俗改变了当地人的观念，大家明白，"孝顺要趁人在世，办丧事心意到了就行"。2017年12月，乐清市天成街道万一村村民万定敫的母亲去世，出殡当天，他把丧事简办省下来的5万元捐给乐清慈善总会做公益活动。

如今在温州市，这样丧事简办的例子随处可见。在开展移风易俗工作过程中，温州各地的举措各有特色。鹿城区开设"文明在行动"专题，在市区3870辆出租车的LED电子屏上发布移风易俗公益广告，做到文明宣传365天在线。泰顺区在廊桥文化公园举办主题为"铁军情、廊桥梦"的集体婚礼，向广大群众倡导婚事新办之风。瓯海区丽岙街道是著名侨乡，老人祝寿喜欢全村分发寿礼，如今，分发寿礼变为捐献公用事业或成立公益基金等。

温州全市1022个文化礼堂、768个道德讲堂正在延伸服务功能，为举办婚礼、少儿启蒙礼和成人礼等各类喜庆及宴席提供活动场地；在不少地方，海葬、生态坟等环保殡葬方式被广泛采纳。年轻人结婚同样提倡"时尚节俭"，增添"温馨浪漫"。

评析：为了破除陈规陋习，树立文明新风，温州市从顶层设计、舆论导向、树立典型和不断创新四个方面，把移风易俗工作打造成为得民心顺民意的"惠民工程"、为群众办实事办好事的"减负工程"、破除婚丧礼俗陈规陋习的"改革工程"、提高管理水平贴近群众生活的"凝心工程"。市里制定了总体方案，同时出台了系列规范性文件。

温州市成立了"市、区、镇、村"四级领导小组联动机制，完善移风易俗联席会议制度，目前"一约四会"已基本实现全市村居全覆盖，普遍将移风易俗纳入村规民约。各村（居）还按照"一村一策"原则，制定具体的《红白理事会章程》并公示，与群众签订遵守协议，接受群众监督。同时，移风易俗被纳入五美乡村、幸福社区考评体系，对发生大操大办、封建迷信、黄赌毒现象的，取消参评资格或撤销称号。市财政每年单列 800 万元给予不同等次的资金补助，有效改善乡村环境和公共设施，着力解决移风易俗领域存在的痼疾。

丧事主张"简约文明"，推广"厚养薄葬"，在温州百姓中已成共识。

（资料来源：张玫 浙江温州：红白喜事从简办理）

1. 做一个有道德的农村公民

"老吾老以及人之老，幼吾幼以及人之幼""行者让路，耕者让畔"……各地的乡规民约依靠道德的力量约定俗成。9 月 20 日是"公民道德宣传日"。

（1）福建省莆田区北岸开发区山亭镇新乌垞村，把当地村规民约变成莆田俚歌，朗朗上口，有很强的地域特色。

> 立身处世须自强，言行准则守规章。
> 法纪道德记心里，正己垂范正气涨。
> 人生出世苗出壤，接人待物礼谦让。
> 严己宽人真诚在，人敬一尺还一丈。

（2）江苏省东林村位于中国百强区之一的太仓市，几年来这里聚集了不少新移民，村规民约体现了这方面的内容。

> 村之民，性本善。
> 领相近，习相远。
> 约此规，共遵传。
> 新村民，兄妹情。
> 团结紧，心相印。
> 互包容，自律行。

（3）重庆市渝北区草坪村为谋求现代化的生活，许多村民外出务工，这个村的村规民约有自己的独特性。

> 进城务工好儿男，
> 挣钱勿忘把家还。
> 莫负留守亲情盼，
> 慈孝美德代代传。

（4）广东省清远市的笔架山村，这里是以纯天然为主的生态旅游度假区，清远是"全国十大生态旅游胜地"，这里的规矩既是村规又是景区守则。

> 乱刻乱画，罚放牛半天；
> 乱扔烟头、垃圾，罚清扫鸡舍一间；
> 随地吐痰，罚捡柴一捆；
> 公共场合吸烟，罚锄草一小时；
> 餐食浪费，罚洗碗两次；
> 随地大小便，罚清洁厕所两次；
> 攀爬树木，罚种树一棵；
> 不关闭电器，罚清洁卫生一次；

不关水龙头，罚挑山泉水两桶；

公共场所喧哗，罚喂鸡一小时。

（5）山西省晋城市中村镇张马村用村民喜闻乐见的曲艺表演形式"三句半"，道出本村的规矩。

村规民约墙上裱，各项规定列条条，大家制定共遵照——要记牢。

尊老爱幼入头脑，赡养父母尽孝道，粗语脏话要去掉——大家笑。

夫妻相敬直到老，婆媳姑娌相处好，邻居团结乐陶陶——和重要。

移风易俗有新标，勤俭持家最可靠，迷信浪费可不搞——不动摇。

2. 保护好传统村落，让乡愁有"乡"可寻

每一座传统村落都是一部承载厚重历史的典籍，记录着先辈的智慧创造与文化记忆，传承着独具地域特色和民族风格的乡土文化。如今，在乡村振兴战略的大背景下，作为凝聚中华民族璀璨历史文化的"博物馆"，传统村落的价值日益为人所识。

（1）科学界定保护范围　传统村落中哪些属于保护范围尚未形成共识，一些地方只注重古建筑的保护，却将其他具有历史文化和自然价值的区域或非物质遗产置若罔闻，造成对传统文化的破坏。对此，应通过完善法律、法规，科学界定保护范围，避免"文化遗憾"的出现。除了建筑物外，具有较高历史、文化、科学、艺术和地方特色的文物古迹及周边遗存的自然景观也应该纳入保护范围，同时对村落民俗文化等非物质遗产加大挖掘和保护力度。

（2）统一规范保护行为　在传统村落保护中，究竟该采取什么行为，现在也没有统一规范。有些地方大搞商业开发，将村落进行迁建，最后村子都变成了农家乐和民宿，传统味道消失殆

尽。传统村落的规划编制、日常管理、修缮维护、风貌打造都需要有规范可循，既要满足现代社会的生活和发展需要，更要尊重历史和文化传统，文化价值不能让步于商业开发，不能将传统村落打造成"千村一面"的商业网点。

（3）激发村民主体活力　有些地方，传统村落保护只是政府单方面的"一厢情愿"，村民不感兴趣，甚至还有抗拒情绪。传统村落真正的使用和管理主体应该是村民，只有激发他们的主体活力，才能让保护真正到位。通过完善法律、法规，鼓励村民以其所有的传统建筑、房屋、资金等入股参与保护和利用，让他们享受到相应的回报，以此激发村民的积极性。

（4）建立责任追究机制　一些领导干部在传统村落保护中不作为或乱作为，造成村落遭受破坏和损失，必须建立起相应的责任追究机制，督促干部履职尽责、科学决策，避免"拍脑袋""瞎指挥"问题，让传统村落保护能够取得实效。

3.传统村落保护必须留住"原住民"

各种非物质文化遗产之所以让人动心动情，是因为它们富有特色、富有个性，有独特的精神风貌、淳朴的文化气质，而创造这些独特文化和卓越精神风貌的人，正是原住民。原住民是古村落的魂，人一走，魂就没了。原住民是古村落传统生活方式、耕作方式、民俗风情的载体，一草一木之栽种、一砖一瓦之搭建、一针一线之缝补，都是村民活动的痕迹，也都让村落充满生机活力。通过留住"人"，留住古村古寨的内核与灵魂：鲜活的文化记忆、温馨的人际关系、淳朴的乡风民俗。保护古村落，不止是在古建筑上修修补补，让风景尽善尽美，更要保护古村落的原有秩序、生活节奏和静谧氛围，要尊重古村落原住民寻求发展的权利。

开发古村古寨，不仅是为了创造物质财富，更是为了留住文化多样性、历史的韵味和遗风，提升现代人的精神和生活质量。

原住民的文化价值和古村落的文化价值同样重要，不能忽视。只有让老百姓在这里生活得有滋有味，只有让村落里的历史遗存是"活着"的，古村落才不会变成一座空壳。

4. 因地制宜，让村落散发特色美才是保护、发展古村落的根本

保护古村落就应少走"复制粘贴"之路，充分挖掘古村落背后的厚重文化。乡村是中华民族文化的根，古村落更是一幅幅散落在大地上的大大小小的山水画，它们或温婉或豪放或古朴或端庄，每一个古村落都是中华民族璀璨的历史文化的生动注脚，都是一方水土养育一方人的最好见证。乡村，不仅仅是出生、生长的故地，还寄托着中华民族子孙的厚重的文化归属感。只有在挖掘本地厚重文化上多做文章，才能满足人们对古村落的文化需求。

乡村是中华文明的栖息地，传统村落的文化意义关键是活力，有了它就有了特色。现在很多村落的特色美，就是强调自身的文化特征和风俗习惯，"北地大漠孤烟直、南国小桥流水家"的中华意象，注定传统村落不可能是千篇一律的，唯有保持特色、保留多样性才能留住活力。

5. 让农家书屋"屋"尽其用

（1）农家书屋要均衡覆盖 农家书屋存在着发展不平衡不充分的现象。比如，一些地方虽然也属于行政村，符合建设农家书屋的资格，但是人口少、面积广，而且居住分散、交通不便、战线过长，导致建成的农家书屋很难发挥重要作用。村民往返书屋一次需要耗费很多时间和精力，这就在一定程度上阻碍了农家书屋作用的发挥。

农家书屋的均衡覆盖，一是要大力推进农村文化建设，提高农家书屋的覆盖率。在有条件的地区可以单独建设书屋，在条件

欠缺的地区，可以合并建设，共享图书资源。从全国来说，东中西部要维持基本的平衡，新投建的书屋更要向中西部倾斜；从一省一市来说，各地要加强宏观调控力度，注意内部资源的合理调配，在做优做强典型和品牌的同时，兼顾落后地区的建设。二是要调整文化供给。一方面可以在各村组设立农家书屋存放点，将农家书屋的图书分散到各个村民小组，方便农民取阅；另一方面可以借助网络平台，开设网上农家书屋，方便村民挑选和阅读。

（2）农家书屋要突显个性　农家书屋要走出一条可持续发展的道路，就必然要个性化发展，即因地制宜。一是根据不同地区的发展实际，建设不同风格、不同形式的农家书屋。较发达地区，农家书屋应发挥辅助作用，由村民自己选择具体的形式；欠发达地区，农家书屋应以实用性为主，努力提高农民的阅读兴趣；少数民族地区，农家书屋建设则需要根据当地实际特别考虑。二是发挥地方特色。根据农民群众阅读需求，结合不同地区农村工作特点，有针对性地提供一些有品质、有品位的好书，通过开展读好书、读名著、读科技书籍等活动，培养和熏陶优良的农民读者群体。

（3）农家书屋要建管结合　目前，农家书屋还存在"重建设，轻管理"的问题，这导致农家书屋的发展后劲不足，限制了其作用的发挥。一是提高管理者的素质。通过图书管理员培训，提升管理者的素养，从而为创新管理模式打下基础。二是注重顶层设计，确保相关工作的制度化、规范化，推动各地强化书屋建设的长效机制，制定科学管理制度，使管理工作落到实处。三是建设资源上充分引导民间力量，使农村的企业和个人参与到农家书屋建设中来，让民众在其中承担一定的角色，能够有效调动其积极性和参与度。四是注意总结各地提升管理服务水平的经验，探索管理规范化的农家书屋标准和模式，并在实践中逐步推广。

（4）农家书屋要体现"农味儿"　一是选择适合农民阅读的书籍。重点考虑农家书屋的特性和服务对象，让农家书屋的书更注重实用性，有"农味儿"。二是农家书屋在服务保障方面要顺应农时，在服务管理上要有灵活性，书屋开放时间符合农民的生活作息规律。三是借阅手续简便、时限延长，使群众"看书易""借阅易"。农家书屋要真正发挥作用，还需在服务保障上下功夫，多从群众实际出发，制定简便易行、快速高效的举措，让群众能切实享受到舒心、便捷的阅读服务。

（5）让农家书屋搭上"互联网＋"快车　随着信息时代的到来，互联网正逐步走进农民的日常生活。知识传播的快速性、电子阅读的便捷性、网上互动的及时性，都让互联网成了广大农民乐于接受、愿意尝试的新生活方式。农家书屋应根据农村发展现状和不同年龄段农民对读书的需求，探索"互联网＋农家书屋"新模式，实现实体农家书屋与电子农家书屋的有机结合，打破时空限制，让农民能在网络空间中实现在线阅读，成为农民心中看世界的广阔"天窗"。

三、强化实践养成

【案例5-5】 云南大理推进移风易俗

曾经，订婚、结婚，满月、周岁，升学、乔迁，长寿生日，老人过世丧事喜办，清明扫墓也得办，在云南省大理白族自治州（以下简称"大理州"），要说清楚有多少种客事并不容易。客事已从单纯的人情成为赤裸裸的"人情债"。"人情"少则一两百，多则一两千。无人获益、人人叫苦，村民深受其害，又无可奈何。

（1）村规民约，限制办客事。合规的客事都要向村里的红白理事会申报。实践中各村办理客事的范围并未强行统一。

从2017年5月1日开始，祥云县新村村民委员会通过村民协议，约定村民只能办理丧事、婚宴、老人80岁以上（含80岁）整寿，其他客事一律不得办理。

南诏镇出台建议性规定：除婚事、丧事、长寿客外，满月、周岁、升学、应征入伍、老人生日、竖大门、乔迁、开业等原则上仅限于近亲属参加，禁止以任何方式变相请客收礼。简化办客方式，婚事客、长寿客不得超过50桌（每桌10人），丧事客应尽量从简。正席不超过10个菜，荤素各半，不招待高档烟酒饮料。

大理州巍山县马鞍山乡尊重各村村民意见，有的村子是60岁以上老人一人一生允许选办一次长寿客。芝麻坎村异地搬迁点新居落成，38户异地搬迁户入住新居。他们没有办客事，每家节省下来2000元礼金，关键是不用再担心别人请自家但自家不请别人而被人看不起。

（2）党员干部，严格执行规定。相对于普通群众靠约定，党员、领导干部却有着更强的硬性约束。早在 2014 年大理州就出台《大理州国家公职人员客事办理规定》，明确国家公职人员可以办理客事的范围为：本人、子女结婚，父母、配偶、子女丧事。婚事办客总规模不得超过 50 桌（每桌 10 人）。除婚、丧事外，乔迁新居、老人寿辰、子女升学、小孩满月周岁等事项严禁以任何方式请客或变相请客。

客事办理实行申报审批制度。结婚客在办客 10 日前申报审批，丧事客在事后 15 日内报告办理情况。厅级干部向州委申报审批或报告；州级各部门主要领导、区（市）党政主要领导报州纪委审批；州级各部门其他人员由部门主要领导审批后报联系的纪工委备案。市、县其他人员的申报审批由各市、县制定。

2017 年 1 月 25 日，巍山区南诏镇自由村村民委员会副主任李某违规操办乔迁宴 60 桌，收受礼金 25 930 元，受到党内警告处分，违规收受的礼金予以清退。保守估计，2017 年大理州各类客事减少过半。

评析：云南省大理州通过管党治党、正风肃纪，极大地促进了移风易俗。州管干部按规定执行起到了以上率下的作用。领导干部发挥带头作用，关键看带的是什么头。通过及时公开通报违规办客的违纪行为，发挥了警示震慑作用。

探索通过村规民约引导村民，从而引领社会风气逐渐转变。

（资料来源：何尹全 大理：推动移风易俗，树立文明乡风）

1. 古代名人的家风家训

（1）诸葛亮（东汉、三国）《诫子书》 "夫君子之行，静以修身，俭以养德。非澹泊无以明志，非宁静无以致远。夫学须静也，才须学也。非学无以广才，非志无以成学。淫慢则不能励精，险躁则不能治性。年与时驰，意也日去，遂成枯落，多不接世，悲守穷庐，将复何及！"

译文：君子的品行是以宁静来修养身心，以俭朴来陶冶品德。如果不恬淡寡欲就不能明确自己的志向，不安定宁静就不能达到远大的目标。想要学习必须心静，想要有才能必须学习。不学习就不能扩充自己的才能，没有志向就不能成就自己的学业。放纵懈怠就不能勉励自己专心致志，轻薄骄躁就不能陶冶自己的品性。年龄与时光一同流逝，意志与岁月一同远去，理想不能实现，不能有益于社会，像枯草一样凋落，空自悲伤地固守着简陋的房屋，其时悔恨又怎么来得及。

（2）刘备（东汉、三国）《遗诏敕后主》"勿以恶小而为之，勿以善小而不为。惟贤惟德，能服于人。"

刘备力劝孩子要去恶从善。哪怕微不足道的一点小善，都不要轻视而不做；哪怕一点点的细小恶行，都不应放任去做。古人教子，常以德为根基，因为唯有贤德之人，才能服人。

（3）司马光（北宋）《训俭示康》"众人皆以奢靡为荣，吾心独以俭素为美。"

不要被炫富的风潮所吸引，在物欲横流的社会中要坚守自己的独立意识。司马光认为，有德行的人都是从简朴中培养出来的，简朴就会减少欲望，君子少欲就不会被外物役使，就可以正道直行；小人少欲就能自谨其身，节约费用，远离罪过，使家庭丰裕。

（4）梁焘（北宋）《家庭谈训》"积善之家，必有余庆；积不善之家，必有余殃。"

能够传承祖业，世代不熄的家族，必定是积善之家。梁焘一生为官正直，心忧君王，爱怜百姓，尽到为官的责任。梁氏家训流芳百世。

（5）欧阳修（北宋）《诲学说》"玉不琢，不成器；人不学，不知道。然玉之为物，有不变之常德，虽不琢以为器，而犹不害为玉也。人之性，因物而迁，不学，则舍君子而为小人，可不念哉？"

译文：玉不雕琢，就不能制成器物；人不学习，也就不会懂得道理。然而玉这种东西，有它永恒不变的特性，即使不琢磨制作成器物，但也还是玉，它的特性不会受到损伤。人的本性，受到外界事物的影响就会发生变化。因此，人们如果不学习，就要失去君子的高尚品德而变成品行恶劣的小人，难道不值得深思吗？

欧阳修在家训中希望儿子能继续养成读书的习惯，并从书中学会做人的道理。

（6）朱柏庐（明）《朱子家训》"黎明即起，洒扫庭除，要内外整洁，既昏便息，关锁门户，必亲自检点。一粥一饭，当思来处不易；半丝半缕，恒念物力维艰。宜未雨而绸缪，毋临渴而掘井。自奉必须俭约，宴客切勿流连。"

朱柏庐的《朱子家训》可以说是古代很有名的家训，流传甚广。《朱子家训》全文五百余字，内容简明赅备，文字通俗易懂，朗朗上口，问世以来，不胫而走，成为家喻户晓、脍炙人口的教子治家的经典家训，在今天仍然具有教育意义。

（7）王阳明（明）《王阳明家训》"幼儿曹，听教诲：勤读书，要孝悌；学谦恭，循礼仪；节饮食，戒游戏；毋说谎，毋贪利；毋任情，毋斗气；毋责人，但自治。能下人，是有志；能容人，是大器。凡做人，在心地；心地好，是良士；心地恶，是凶类。譬树果，心是蒂；蒂若坏，果必坠。吾教汝，全在是。汝谛听，勿轻弃。"

《王阳明家训》又称《示宪儿》。"幼儿曹"意为孩子们。这是王阳明写给儿子宪儿的。王阳明的家训采用的是简短的三字句的形式，虽然简短，但是却包含了为人处世以及建功立业的法门，每一个字都需要细细品读。

（8）方孝孺（明）《家人箴》"贫贱而不可无者，节也贞也；富贵而不可有者，意气之盈也。"

方孝孺的《家人箴》，在历史上培养了无数志士名人、英雄豪杰，在今天，对哺育一代代新人非常有益。

（9）曾国藩（清）《家书》"一曰慎独则心安，二曰主敬则身强，三曰求仁则人悦，四曰习劳则神钦。"

译文：时时自省过失，严于律己，则心安；外表持重，内心沉着，则身体强健；不断追求仁义，则身心愉悦；思想诚实，待人真诚，则神清气爽。

曾国藩的家书，堪称最全家训，能做到堪比圣人。曾国藩是近代史上有争议的人物，但其对子女的教育却留给后人很多可借鉴的内容。勤奋、简朴、求学、务实的家训家风一直为曾家后人所传承。

（10）纪晓岚（清）《"四戒四宜"》"一戒晏起；二戒懒惰；三戒奢华；四戒骄傲。既守四戒，又须规以四宜：一宜勤读；二宜敬师；三宜爱众；四宜慎食。"

译文：一戒晚起，二戒懒惰，三戒奢华，四戒骄傲。既要遵守四戒，又必须有四宜的规矩：一宜勤苦读书，二宜尊敬老师，三宜爱护众人，四宜谨慎饮食。

2. 农村文化礼堂

在我国，每个乡村都有自己的文化脉络，形成了独具特色的文化个性。建设好农村文化礼堂，要因地制宜，寓庄于谐、寓教于乐，通过接地气的文化活动，丰富农民朋友的文化生活，展示积极向上的精神风貌。农村文化礼堂是农村"实现精神富有、打造精神家园"的重要载体，是巩固农村思想文化阵地的重要保障。

为了让农村文化礼堂发挥其凝聚文化、传承文化的作用，真正成为农民朋友的精神家园，地方政府及相关部门一要统一规划，统筹管理；二要定期安排一些文艺工作者下乡演出、指导，出台政策和考核办法，督促乡、村开展文化活动；三要在资金、人员上予以保障，通过安排财政预算、募捐、众筹等方式筹集

"文化基金"，通过外出参观、开办培训班等方式，培训农村文化干部，让农村文化礼堂越办越红火。

3. 让春节有文化味、亲情味和清新味

春节，是中华民族最隆重的传统佳节。然而，近年来由于各种原因，春节的味道要么因为节日色彩的淡化给人不够浓的感觉，要么因为炫耀攀比、铺张浪费给人变味的感觉。年味变淡、变味，都不是春节原本的味道。

（1）春节要有中国传统的文化味　随着生活节奏的不断加快，一些外来文化的侵扰加剧，部分传统的节俗文化近年来渐被国人冷落，甚至不为年轻一代所熟知。春节的节俗文化是中华民族数千年文明传承的载体，包含了人们对美好生活的向往，是所有中国人心灵的归属和精神支柱，因此节俗文化绝不能丢。春节一定要有浓浓的文化味，每一个中国人都应当了解、传承并积极参加那些优秀的春节文化活动，自觉成为节俗文化的"传承人"，让优秀的传统文化绵延流传。

（2）春节要有亲密团圆的亲情味　春节的一个重要意义就是让亲朋好友从四面八方团聚在一起共度佳节，增进情感。然而，随着手机的广泛普及，它们在缩短人与人之间空间距离的同时，也把真情隔在了手机屏幕之外。如今，短信拜年、微信拜年逐渐成为一种趋势，虽然方便了，但在情感上远没有上门拜年来得真诚、温暖。即便亲朋好友难得欢聚一堂，无暇相顾、低头玩手机也已成为春节的一种常见姿势，亲情、友情被冷冷地晾在一边。春节，不仅人要回家，亲情也要回家，不妨把手机放一放，把时间留给父母子女、亲朋好友，进行亲情互动、感情传递，让春节变得更有亲情味。

（3）春节要有移风易俗的清新味　春节免不了要发压岁钱、要宴请亲朋好友。正常的人情往来，有助于增加节日氛围，增进彼此感情。然而，近年来随着生活水平的提高，一些地方铺张浪

费、炫耀攀比成风，日益高涨的人情消费支出成为许多家庭沉重的负担，甚至有报道称不少农民工为躲人情支出不回家过年。春节人情往来，讲究的是感情真不真，而不在于红包厚不厚、排场大不大。炫耀攀比、铺张浪费，让过年的心情变坏，家庭的负担变重，社会的风气变差，使春节变成"春劫"。因此，春节要坚持移风易俗，过出清新味。

【案例5-6】　芜湖："禁放"奏响文明过节和谐乐章

（1）临近2018年春节，安徽省芜湖市汤沟镇各村进一步加强禁止燃放烟花爆竹宣传工作，镇文明办在汤沟老街广场开展了"禁燃烟花爆竹，倡导低碳生活"的志愿签名仪式，全镇14个村的学雷锋志愿者积极响应，运用多种形式向居民群众宣传绿色、环保、安全的健康生活理念。志愿者们向来往的居民发放《禁止燃放烟花爆竹倡议书》，向他们讲解烟花爆竹的危害性，并号召大家在"禁放烟花爆竹承诺墙"上签字，为弘扬安全文明过春节贡献自己一份小小的宣传力量。每个居民在签名后都领到了一份纪念礼品。

（2）为营造文明、低碳、绿色、健康的生活方式，助力"清洁城乡、美化家园"专项行动，全面贯彻落实《2018年无为区禁止燃放烟花爆竹工作实施方案》文件精神，芜湖市无为区高沟镇积极动员各村（社区）干部、党员、人大代表等深入辖区商家饭店、居民小区等积极宣传禁燃禁放烟花爆竹工作。①在各类会议上深入传达贯彻落实全区禁止燃放烟花爆竹有关文件精神，并结合高沟镇实际，对烟花爆竹禁售、禁放工作进行统筹安排部署，切实提升镇、村干部的思想认识，带头遵守、带头执行、带头宣传，以主人翁的姿态参与"禁放"。②制作宣传展板，以及在重要路口、人员密集场所悬挂宣传横幅10多条，利用各村（社区）宣传栏、LED显示屏播放禁燃禁放标语20余条；微信、微博等发布禁放内容、倡议书5条，从而推动形成"线上＋线下"舆论宣传全覆盖。③微信、微博、政务公开同步发布《高沟镇规范燃放烟花爆竹倡议书》，向社会各界发出号召，在农贸市场、超市等人员密集场所发放倡议书 500 多份，倡议广大人民群众，从自己做起，主动带头不放烟花爆竹，鼓励广大人民群众积极举报违法违规销售、燃放烟花爆竹的行为。同时给往年销售烟花爆竹的零售商店发放禁止燃放烟花爆竹提示，引导业主支持配合禁放工作，从而形成社会各界支持禁燃禁放工作的局面，共守"无为蓝"。

（3）为了增强学生安全意识和环保意识，远离因燃放烟花爆竹带来的危害，芜湖市汤沟镇冠军村组织辖区冠军小学开展"禁放烟花，从我做起"为主题的远离烟花爆竹、保护环境宣传活动。志愿者向同学们介绍燃放烟花爆竹会严重影响空气质量，加剧雾霾天气，产生噪声污染而且容易酿成火灾，造成人身伤亡和财产损失，并对学生普及了一些禁止燃放烟花爆竹的法律规定，要求学生之间相互监督。号召学生们通过小手拉大手，回家向自己的父母和亲人进行宣传，使家长了解燃放烟花爆竹对自身安全和健康及大气环境的危害，提高他们不放烟花爆竹的自觉意识，为共同守护碧水蓝天营造浓厚的社会氛围。

评析："禁放烟花，保护环境"移风易俗行动在安徽省芜湖市开展，对保障人民群众生命财产安全，维护春节期间社会安全稳定，减少农村污染和安全隐患，意义重大。文明宣传活动吸引了大量现场群众的热情参与，调动了群众了解、学习相关知识的积极性，提高了居民的文明环保意识，也在辖区内营造了良好的安全文明宣传氛围。让学生们充分认识到燃放烟花爆竹的危害，他们会自觉抵制购买、燃放烟花爆竹的行为，通过一个孩子带动一个家庭，多个家庭带动整个社会，做到烟花爆竹安全常识人人皆知，共同参与并自觉遵守"禁放"规定，筑起了全员抵制燃放烟花爆竹的安全环保"防火墙"。

（资料来源：芜湖文明网　芜湖：移风易俗在行动，"禁放"奏响文明过节和谐乐章）

【案例5-7】 在实践中创新，打造网传新模式

2017年，成都市以"互联网＋"思维整合各类资源，不断进行内容形式创新。广泛借助微博、微信等新媒体平台，紧紧围绕社会主义核心价值观、传统节日等内容开展了"我读雷锋故事""归家，才是中秋""镜览成都"等近30个网络文明传播活动，吸引了百万网友关注。

（1）尝试VR技术。成都文明网在全国率先尝试运用VR技术，搭建虚拟好人网上展览馆，将近200名中国好人的先进典型事迹充分运用网络技术全面生动、无地域限制、无时间限制地展示出来，好人们的道德风尚在网络上迅速传播。

（2）制作趣味动画。传统节日的活动创新难度较大，只有不断精选角度，把旧内容用新形式表现出来，才能吸引更多网民关注。成都文明网的中秋节网传活动尝试制作了2分钟的线条手绘动画《归家，才是中秋》，不到1周时间视频点击量超5 000人次，达到了良好的传播效果。

（3）创新策划方式。成都文明网以"鼓励自策，全程指导"形式，激发各区县文明办的主动性。鼓励各区县文明办积极策划有特色、有亮点的网络文明传播活动，成都文明网从中精选好的策划点，通过PC端和"两微一端"宣传推广。这一举措使得成都文明网的网传活动主题日渐丰富、参与量大大增加，网络文明传播覆盖率大幅度提高。

评析： 在开展活动的实践过程中，成都文明网实现了多个突破和创新，打造了网络文明传播的新模式。

（资料来源：中国文明网　成都"与粽不同"活动，弘扬端午文化）

4.打造"中国好人村"

"中国好人村"的打造要结合社会主义新农村建设、乡村旅

游建设等，突出"好人"特色，有好人榜、好人馆、好人长卷、好人基金、好人集市、好人公寓等。例如，村中设立好人展示墙，将"中国好人"的肖像和事迹，用农民画的形式画出来，营造崇尚好人的氛围。弘扬好人文化打造"中国好人村"。努力聚焦"中国好人"的故事，打造中华传统美德的乡村教育基地，吸引党员、中小学生、游客前来学习体验。制订《好人村公约》、建立村民服务中心、创办村办工厂、建起阅读亭、竖起"中国好人榜"，让好人文化尽收眼底，使前往参观的群众观赏于画，感染于心，教化于行。

【案例 5-8】 惠州以好人文化打造"中国好人村"，促农村精神文明建设

广东省惠州市龙门县龙田镇西埔村民风淳朴，先后涌现出了"独臂雷锋"程木华和跳海救人的黄子能两名"中国好人"，是远近闻名的"好人村"。这里，有人设立了爱心基金，扶贫助困，奖教奖学；有人创办了村办工厂，解决村民就业，带领村民致富……村民们都说，要努力将西埔村打造成"中国好人村"。

一村涌现两个"中国好人"在国内罕见。2014 年 11 月，帮助约 200 名残疾人的"独臂雷锋"程木华入选"中国好人"，这是龙门县首个"中国好人"；2016 年 12 月，在厦门跳海救人的西埔村党支部书记、村民委员会主任黄子能也入选"中国好人"。

目前该村新注册了村合作运营公司——惠州市新埔实业有限公司，开发出了西埔爱心米，改变了西埔村自种稻谷无自有品牌的历史。这样可以有效地帮助村民解决销路问题、品牌化问题和持续发展的问题。一袋 5 千克的西埔爱心米售价 58 元，每卖出一袋爱心米将会向西埔村民委员会捐助 8 元，作为扶贫基金，用于扶贫开发事业。

评析：龙田镇西埔村民和睦友善、团结互助、崇德向善，村里助人为乐蔚然成风，把西埔村打造为"中国好人村"，是加强

乡村精神文明建设、传承乡村传统道德文化、促进村风民风和谐、推进基层有效治理的重要载体。中华传统美德具有生生不息、历久弥新的品质，是永不枯竭的道德教育资源，打造"中国好人村"有着深远的意义。

（资料来源：黄宇翔　惠州以好人文化打造"中国好人村"，促农村精神文明建设）

5. 读懂好人精神

"好人故事"让我们看到了"中国好人"心底真正的坚强力量。他们也和其他人一样，有过恐惧，也会向往家人团聚、互相陪伴的时光。但是为了实现理想，为了承担起工作职责，为了对得住自己拥抱那份神圣职业的初心，他们最终作出了别人看来不合理、自己却一定要坚持的选择。这样的表达更真实，更能引起共鸣，也让人们真正信服，真正读懂了好人精神的深意。

"中国好人"和我们的距离并不遥远，他们看到的世界和我们一样，我们要经历的挣扎和取舍，他们也同样要面对。"中国好人"守住了初心，有时候更坚强也更坚定，所以最终得偿所愿。这份勇于取舍的表现值得提倡，更值得学习。

人的心底有善意，每个人都有要用尽全力去实现的理想。不要把心中的善意掩藏，更不要轻易地放弃理想，这或许才是"中国好人"带给我们的启示。

【案例5-9】　用善爱凝聚无血缘关系亲情

山东省莱西市日庄镇泊子村村民姜玉文，1994年与丧偶的刘永美结合。当时，刘永美重病缠身，岳母李桂香年迈，继子女年幼。面对家庭的贫困，他担起重担。2004年，刘永美病逝，他毅然留下照顾老人、拉扯孩子。2005年再婚后与现任妻子一起赡养李桂香。面对家庭的不幸，姜玉文不离不弃，二十三年如一日照顾患病的前妻之母，尽孝子之道，让老人拥有农村老人羡慕的晚年生活；呕心沥血，哺育四个继子女成家立业。尽管前妻已经去世多年，自己也已经再婚，但他从未改口，一直喊前岳母李桂香"妈"，将老人当成亲娘对待，尽己所能赡养着这位没有血缘关系、没有法定赡养义务的老人，坚守着一份没有血缘关系的亲情。

被姜玉文的善良打动的曲红英，她带着两个女儿与姜玉文组成新家庭，并和丈夫姜玉文一起赡养老人。真挚的爱的传递产生了更大的能量，不仅温暖了这个特殊的重组家庭，而且对于社会传扬孝老爱亲的传统美德，也具有很大的影响力。2017 年 5 月，姜玉文被评为青岛"文明市民"；2017 年 6 月，被评为山东"好人之星"。

评析：生活的波折，婚姻的变故，往往会影响到家庭成员之间的感情。但是姜玉文夫妻俩用行动诠释中华民族孝老爱亲的传统美德，用善爱凝聚无血缘关系的亲情。朴素的善传递真挚的爱。善行善举往往存在于细微处，然而越是细微处越容易感动人，进而在感动中传扬。

姜玉文的高贵人格和美好德行，是当下社会稀缺的精神钙质，新时代需要弘扬这种家庭美德。期待在我们身边，有更多像姜玉文这样的善行善举，以善爱之火点亮道德良知，弘扬传统美德，为现代家庭的幸福注入新的内涵，成为一种价值导向，进而激荡起浓浓的社会新风。

（资料来源：青岛文明网　姜玉文：用善爱凝聚无血缘关系亲情）

参考文献

［1］农民日报. 重磅! 农民日报七论乡村振兴［EB/OL］.（2018-01-15）［2018-11-06］http://www.farmer.com.cn/xwpd.../tjyd/201801/t20180115_1350382.htm.

［2］廖海金. 农村生活垃圾处理应更规范［EB/OL］.（2018-01-10）［2018-11-06］http://www.farmer.com.cn/kjpd/nyst/201801/t20180110_1349349.htm.

［3］王水成. 让农村文化礼堂"活"起来［EB/OL］.（2018-01-04）［2018-11-06］http://www.farmer.com.cn/kjpd/jypx/201801/t20180104_1348167.htm.

［4］徐景颜. 加强农村基层党建的五条路径［EB/OL］.（2018-01-24）［2018-11-06］http://www.wenming.cn/djw/djw2016sy/djw2016djlt/201801/t20180124_4568942.shtml.